Inhalt

W0325381

Vorwort

Seit langer Zeit beschäftige ich mich nun mit den Themen Sterben, Tod und Trauer. Nichts faszinierte mich so stark und packte mich so radikal wie diese Themen. Mit vielen Vorträgen und Kursen versuchte ich mich sorgfältig in ein Gebiet einzuarbeiten, über das wohl viel geschrieben wurde, bei dem in ganz entscheidenden Momenten im Leben eines Mitmenschen jedoch Schwächen, Nöte und Sorgen spürbar werden, die nur durch ein tragfähiges „nahe sein“ überbrückt werden können. 1988 schrieben wir nach vier Vortragsabenden in der Nähe von Zürich einen ersten Pilotkurs aus, um interessierte Mitmenschen zur Begleitung von Angehörigen Kranker, Sterbender und Gestorbener weiterzubilden. Dieser Kurs erhielt den Namen „Nahe sein in schwerer Zeit“. Die Erfahrungen mit den 20 Teilnehmerinnen ermutigten uns, den eingeschlagenen Kurs zu vertiefen. Weitere Kurse folgten und zeigten, wie groß das Bedürfnis ist, Mitmenschen in schwierigen Lebenssituationen, verursacht durch ein Sterben oder durch den Tod, angepaßt beistehen zu können.
In der Zwischenzeit habe ich erfahren, daß ebenfalls seit geraumer Zeit im Bildungszentrum der Propstei Wislikofen, CH-8439 Wislikofen, Kurse mit dem gleichen Titel ausgeschrieben sind. Hierbei geht es vor allem um die Begleitung von Sterbenden. Für das Team in Wislikofen kommt in diesem Titel ein großes Stück intensiver, langjähriger Kursarbeit mit vielen Freiwilligen und ein ganz

wichtiges Lebensthema vieler betroffener Menschen zum Ausdruck. Hoffnung und Enttäuschung, Bereitschaft und Grenzerfahrung, Grundorientierung und Präsenz hier und jetzt sind darin angesprochen.

Das Sterben stellt für alle Beteiligten eine Grenzsituation dar und verlangt nach Nähe. „Nahe sein in schwerer Zeit" gilt als Auftrag an alle, und zwar jedem Menschen gegenüber, der in seiner Grenzsituation mit Problemen konfrontiert wird, mit denen er bislang keine Erfahrung gemacht hat. Ich hoffe sehr, daß der gleiche Titel mit ungleichen Inhalten zu einer gegenseitigen Befruchtung und Ergänzung der Sichtweise beiträgt.

Mit meinem nun dritten Buch, dem ersten zum Thema der Betreuung von Angehörigen Kranker, Sterbender und Gestorbener, habe ich die gleiche Erfahrung gemacht wie mit den beiden ersten. Es ist nicht möglich, ohne viele stille Helfer und Helferinnen ein Werk erfolgreich abzuschließen. So ist es für mich äußerst wichtig, an dieser Stelle meinen Verbündeten zu danken.

Ich danke Frau Dr. med. Hildegard Zumstein-Baumberger, Frau Doris Gehring, Herrn Dr. med. Peter Liggenstorfer, Herrn Pfarrer Marcel Frossard und Herrn Ernst Hofer für ihre Bereitschaft, das Manuskript kritisch zu lesen und mit vielen Rückfragen und den eigenen Erfahrungen Korrekturen zu ermöglichen, die eine teils einseitige Betrachtungsweise in eine vielfältigere veränderten.

Ich danke meinem Bruder Paul Fässler für die Reinzeichnungen der Grafiken und Herrn Hans Jenni, der sie auf den Computer (Pagemaker) übertragen hat.

Ich danke den Herren Edgar Haberthür (Redaktor) und Hans Thomas (Lektor des Paulusverlages) für ihre tatkräftige und spontane Unterstützung bei der Bearbeitung des Manuskripts.

Last but not least danke ich meiner Frau Maria Fässler-Weibel von ganzem Herzen dafür, daß sie mich während dieser auch für mich nicht einfachen Erstellungszeit immer wieder unterstützt, animiert, getragen und verstanden hat.
Ich hoffe sehr, das vorliegende Buch möge vielen zum Nachdenken verhelfen. Es erfüllt seinen Nutzen dann, wenn die Inhalte mit den eigenen Erfahrungen verglichen werden. Diese Reflexion ermöglicht eine neue, weitergehende Sichtweise und kann dazu verhelfen, Menschen in schweren Zeiten wirklich nahe zu sein.

Peter Fässler-Weibel

Einleitung

Die Begleitung von schwerkranken und sterbenden Menschen hat in den letzten Jahren an Bedeutung zugenommen. Selbsthilfegruppen, Vereinigungen für humanes Sterben und Begleitorganisationen, die Nachtwachen durchführen, sind entstanden. Neben gemeinnützigen Organisationen sind auch gewinnorientierte Unternehmen gewachsen, die sich in dieser Sparte engagieren wollen. Eines haben alle diese Organisationen gemeinsam: sie konzentrieren sich auf die Sterbenden! Sie, die Sterbenden, sind Zentrum des Geschehens. Ihnen möchte man den Abschied vom Leben so angenehm wie möglich machen. Dies ist sicher eine gute und wichtige Aufgabe. Sterbende sind gerade in dieser wohl schwersten Zeit ihres Lebens auf tragfähige Beziehungen angewiesen. Sie müssen und sollen unterstützt werden.

Doch – so behaupte ich aufgrund eigener Erlebnisse und Erfahrungen – ist die Sterbebegleitung nur *eine* der zu bewältigenden Aufgaben. Neben den Sterbenden sind auch deren Angehörigen zu betreuen.

In einer neblig-kalten Novembernacht trug ich unseren zweieinhalbjährigen Sohn, in eine warme Wolldecke verpackt, ratlos und mit großen, fragenden Augen in die Kinderklinik von Winterthur. Seine Lippen waren blau, er atmete kaum mehr. Seine Erbkrankheit, ein Antikörpermangelsyndrom, ließ seine Kräfte schwinden. Er stand dem Tode näher als dem Leben. Ich wurde von einem Freund begleitet, der die Strecke zwischen Wohnung und Spital mit dem Auto in kürzester Zeit schaffte. Rund zwei Stunden später verließ ich das Spital, die leere Wolldecke unter dem Arm, verzweifelt, hoffnungslos, den Satz in den Ohren: „Diese Nacht wird entscheiden, ob Ihr Sohn überleben wird! Gehen Sie nach Hause, wir werden Sie telefonisch benachrichtigen.“ Und ich ging!

Stumm saß ich am Bett meiner Frau, die bei unserer vierjährigen Tochter geblieben war und all das nicht miterlebt hatte. Ich war nicht in der Lage, ihr es wirklich mitzuteilen. Vielmehr versuchte ich sie zu beruhigen und auf den nächsten Morgen zu vertrösten. Erst als sie zu weinen begann, konnte auch ich mich nicht mehr zurückhalten. Wir waren wohl zu zweit, trotzdem fühlte sich jeder von uns allein, verlassen und verloren. Unserem Freund ging es nicht anders. Wortlos, traurig und vor allem hilflos verließ er uns. Unsere Tochter sah uns mit großen, leeren Augen an. Auch sie war allein. Das dritte Kind regte sich nicht. Es lag geborgen im Schoße seiner Mutter. Meine Frau war damals im dritten Monat schwanger.

Dies war meine erste Begegnung mit einem Thema, das mich seither nicht mehr losgelassen hat. Sterben, Tod und Trauer sind Inhalte des Lebens, denen viele Menschen aus dem Weg gehen bis zu jenem Moment, an dem es ihnen nicht mehr möglich ist. So erlebten es meine Frau und ich; so erlebte es unsere Tochter; so erlebten es unsere Eltern, Geschwister, Verwandten und Freunde. Die damals gemachten Erfahrungen (sie wiederholten sich seither noch einige Male) ließen uns aufhorchen und am eigenen Leib erfahren, wie schmerzhaft es ist, sich in dunkelsten Stunden des Lebens allein zu fühlen. Niemand war auf

eine solche Auseinandersetzung vorbereitet, und alle waren maßlos überfordert.
Unser Erleben war beherrscht von Angst und Trauer. Angst, den Sohn in dieser Nacht zu verlieren, sterben lassen zu müssen. Die Trauer konnten wir nicht beschreiben. Sie saß uns einfach tief im Herzen drin und ließ uns die Grenzen unseres eigenen Handelns spüren. Nichts mehr konnten wir für ihn tun! Niemand konnte ihm in den nächsten Stunden helfen! Die ersten medizinischen Maßnahmen hatten ihn beruhigt und stabilisiert. Alle hatten zu warten – einfach zu warten. In solchen Situationen werden Minuten zu Stunden, und Nächte wollen nicht enden. Das Eingeständnis der totalen Hilflosigkeit ist äußerst schmerzhaft und läßt eine hoffnungslose Trauer spürbar werden. Weinen, Schweigen, Beten, Reden, Warten, Weinen, Schweigen, Beten lösten sich ab.
In der Regel stirbt ein Mensch aus einem Geflecht sozialer Beziehungen heraus. Für den Sterbenden ist dieser Prozeß mit seinem Ableben zu Ende. Nicht so für die Angehörigen! Für sie beginnt nach dem Tod ihres Familienmitgliedes oft ein Leidensweg, der Jahre dauert und die übrigen Familienmitglieder wie auch die Beziehungen zu Nachbarn und Freunden massiv beeinflußt.
Mit dieser Publikation möchte ich denn auch in erster Linie die Situation der *Angehörigen* aufnehmen und mit Hilfe zahlreicher Erfahrungen Wege aufzeigen, um ihnen besser begegnen zu können. Ich bin davon überzeugt, daß die Angehörigen schon vor dem Tod ihres Familienmitgliedes auf tragfähige Beziehungen zu Verwandten, Freunden und Nachbarn angewiesen sind. Oft wissen gerade diese wichtigen Bezugspersonen nicht, wie sie sich Angehörigen gegenüber verhalten sollen. Die meisten schweigen und ziehen sich zurück. Sie weichen ihnen aus. Damit beginnt

ein verhängnisvoller Prozeß, den ich mit diesem Buch durchbrechen möchte.
Sterbende sollen dann begleitet werden, wenn keine Angehörigen für sie da sind und sie sonst einsam und verlassen sterben müßten. Dort aber, wo Angehörige bereit sind, ihren Sterbenden beizustehen und sie zu begleiten, dort müssen wir lernen, sie zu stützen und zu betreuen, damit sie diesen für ihre spätere Trauer wichtigen Weg der Auseinandersetzung mit den Sterbenden bestehen können.

1. Die eigene Betroffenheit

Bevor mein letzter Atemzug getan ist
bevor der große Vorhang fällt
bevor die letzten Blumen auf mich fallen

will ich leben
will ich lieben
will ich sein

in dieser düsteren Welt
in dieser Zeit der Katastrophen
in diesem kriegerischen Dasein

bei den Menschen, die mich brauchen
bei den Menschen, die ich brauche
bei den Menschen, die ich schätzen lernen möchte

um zu entdecken
um zu staunen
um zu lernen

wer ich bin
wer ich sein könnte
wer ich sein möchte

damit die Tage nicht ungenutzt bleiben
damit die Stunden ihren Sinn haben
damit die Minuten wertvoll werden

wenn ich lache
wenn ich weine
wenn ich schweige

auf meiner Reise zu dir
auf meiner Reise zu mir
auf meiner Reise zu Gott

deren Wege uneben sind
deren Wege dornig sind
deren Wege ich kaum kenne

die ich aber antreten will
die ich schon angetreten habe
die ich nicht abbrechen will

ohne gesehen zu haben
   das Blühen der Blumen
ohne gehört zu haben
   das Rauschen des Flusses
ohne gestaunt zu haben,
   das Leben ist schön

dann kann „Freund Hein“ kommen
dann kann ich gehen
dann kann ich sagen:

Ich habe gelebt

Margot Bickel [1]

Mit diesem packenden und ergreifenden Gedicht beschwört die Autorin eine Vielfalt menschlicher Empfindungen. Sie trifft dort ins Schwarze, wo wir mit unseren Gedanken zur Zeit hängenbleiben. Sterben verschieben wir auf später, ins Alter. Mit diesem Thema setzen wir uns erst dann auseinander, wenn wir müssen. Erst eigene Betroffenheit macht uns neugierig, suchend und öffnet uns eine Welt, in der wir vorsichtig tappend nach neuen Wegen suchen. Wenn wir uns mit dieser Welt einlassen wollen, so kommen wir nicht darum herum, uns zuallererst mit den ganz persönlichen Regungen zu beschäftigen.

> AUFGABE
>
> Setzen Sie sich in einer ruhigen Minute hin, zünden Sie sich eine Kerze an und lesen Sie das Gedicht von Margot Bickel noch einmal und immer wieder durch. Spüren Sie sich und lassen Sie Ihren Empfindungen freien Lauf.

Der Umgang mit Sterbenden oder mit Angehörigen von Sterbenden erfordert nicht nur Mut, Fingerspitzengefühl und Einfühlungsvermögen, sondern vor allem gesunden Menschenverstand und die Auseinandersetzung mit dem eigenen Sterben. Viele denken, mit dem Lesen von Büchern über Sterben und Tod wisse man, welche Stationen in welcher Reihenfolge zu erwarten sind. Wäre der Sterbeprozeß ein rein verstandesmäßiger, so würde dies auch zutreffen. Kein Thema unseres Lebens beschäftigt und bedroht uns indes so massiv wie das eigene Sterben. Und nichts in unserem Leben ist uns so sicher wie der eigene Tod. Nur wissen wir, die wir uns mit keiner fatalen Diagnose befassen müssen, nicht, *wann* uns dieses Schicksal erreichen wird. Wir halten uns an die Hierarchie des Sterbens: Je älter der Mensch ist, um so größer wird die Wahrscheinlichkeit seines Todes. Sterben in jüngeren Jahren entspricht demzufolge nicht dieser Hierarchie und bleibt Ausnahme. Ein Kind sieht in der Regel alte Menschen sterben. Auch ich sehe noch heute meine Großmutter, wie sie still und stumm vor mir lag. Ihre Zeit war abgelaufen, ihr Leben gelebt. Sie hatte ein karges und hartes Leben gehabt, und ihr Sterben im Kreise ihrer Nächsten entschädigte sie dafür. Es war ein ganz gewöhnlicher Tod: 84jährig, vom Greisenbrand betroffen, wurde sie erlöst. Die Trauer meiner Eltern – vor allem meiner Mutter – konnte ich nicht verstehen. Für mich war das alles normal, zumal ich bereits früher von gemeinsamen Aktivitäten Abschied nehmen mußte. So machte es ihr erlöschendes Augenlicht immer mehr unmöglich, mit den Enkelkindern Karten zu spielen. Sie erlitt ein Sterben in Raten. Der Tod war ihr Wendepunkt.

Lesen wir aber die Todesanzeigen genauer durch, so fallen mehr und mehr die Geburtsjahre auf, die in der Nähe unseres eigenen liegen. Leben unsere Eltern oder Schwiegereltern noch, so denken wir im verborgenen nicht selten, daß uns noch genügend Zeit zum Leben bleibt. Erst der Tod eines unserer Geschwister macht uns deutlich, daß der Tod auch unsere Generation ereilen wird. Das Sterben und der Tod rücken näher, in den Bereich der eigenen Wahrscheinlichkeit. Und hier beginnt das Thema uns selbst emotional zu treffen, und zwar direkt und ganz persönlich. Natürlich sind wir fassungslos und innerlich entrüstet, wenn beispielsweise in der Nachbarschaft ein Kind stirbt, auf welche Weise auch immer. Wir können es in der Regel kaum begreifen und spüren eine bodenlose Trauer in uns. So erging es mir, als eine Nachbarin mit 21 Jahren an Krebs starb. Ein solcher früher und ungewöhnlicher Tod macht starr, emotional hilflos. Aber er betrifft uns nur indirekt. Es sind die Nachbarn, die vom Tod heimgesucht sind. Uns beginnt er erst zu betreffen, wenn ein Mitmensch, zu dem wir in einer besonderen Beziehung stehen, dem Sterben nicht mehr ausweichen kann.

Viele entziehen sich dieser Bedrohung. Entweder lassen

sie sich beim Kranken oder Sterbenden nicht mehr blicken, oder sie besuchen ihn und spielen mit im gefährlichen Spiel der Hoffnungen. Viele Krebspatienten pflegen Hoffnungen bis zu den letzten Stunden. Es wäre vermessen, ihnen diese einfach zu rauben. Oft gelingt es uns nicht, unsere Empfindungen zwischen diesen Hoffnungen und unserer Hoffnungslosigkeit aufzunehmen und zu formulieren. Diese Widersprüchlichkeit macht Angst und läßt uns verstummen. Wir haben Angst, wir könnten im Strudel der eigenen Hilflosigkeit ertrinken, im bodenlosen Dunkel des Lebens versinken. Angst, daß nichts und niemand mehr uns trägt und wir im eigenen Geflecht unserer Beziehungen einsam werden. Wenige ertragen Einsamkeit, viele leben Einsamkeit, nicht wenige davon scheitern darin. Die Angst vor diesem Scheitern verhindert die Auseinandersetzung mit diesem für uns so bedrohlichen Thema. In meinen Seminarien versuche ich immer wieder die Gedanken, Phantasien, Vorstellungen und Ängste zum Sterben formulieren zu lassen. Die diffusen und unheimlichen Gedanken sollen Bezeichnungen erhalten. Nur so, mit dem Instrument der Sprache, können wir diese Ängste lokalisieren und darüber reden.

1.1 Sterben ist wie …

… ein Gang in die letzte Sackgasse
… eine Reise in die Ferne
… ein Vogel mit gebrochenen Flügeln
… den Lebenskreis schließen
… das Weggehen aus dem eigenen Haus
… eine Musik, die immer leiser wird

… eine Türe schließen
… Loslösen von Bindungen
… fallende Blätter im Herbst
… Hinübergleiten ins Schwerelose
… Ende der Lebenszeit
… Eingang zum ewigen Leben
… erlöst werden
… Schmerz
… Zurücklassen von Menschen und Sachen,
welche uns lebenswert scheinen
… ein Ja sagen zu Gott.

Solche und viele ähnliche Reaktionen zeigen, daß ihre Palette unbegrenzt und äußerst vielfältig erscheint und ihre Inhalte je nach philosophischer, religiöser oder sonstiger weltanschaulicher Haltung und Prägung ganz unterschiedlich ausfallen. Niemand hat ein Recht darauf, einen andern Menschen in seiner Grundhaltung und Überzeugung zu mißachten. Im Gegenteil: Wir müssen lernen, diese seine unverwechselbare Einstellung anzunehmen. Was für uns stimmt, muß nicht zwingend für alle andern stimmen. Auch wir nehmen uns das Recht heraus, so zu denken, wie wir es für richtig halten. Diesen Grundsatz dürfen wir in allen Begegnungen mit Sterbenden und deren Angehörigen nie vergessen.

MERKPUNKT

- Niemand soll entmündigt werden – Jeder hat das Recht auf seinen eigenen Standpunkt!

Dieses Recht beanspruchen wir auch für uns. Unser Denken und Handeln ist geprägt von den Werten und Normen unserer Herkunftsfamilie, den gelebten Werten in der eigenen Familie und den neuen, sich wandelnden Normen unseres Lebens. Unreflektierte, übernommene oder festgefahrene Werte erschweren oder verunmöglichen eine konstruktive und kreative Auseinandersetzung. Die Anteilnehmenden versuchen oft recht mühsam und gespickt mit viel gefühlsbetontem Gehabe, den Patienten oder die Angehörigen auf den „rechten, hoffnungsvollen Weg" zu bringen, der aber meist verlogen ist. Entspricht der Verlauf der Krankheit nicht einem bestimmten Phasenmodell, dann wird oft behauptet, die Vorbereitung auf das Sterben und den nahen Tod seien nicht gemacht und der unwiderrufliche Vorgang werde verdrängt. Unser Denkschema, unsere Vorstellung vom Sterben und unsere Meinung, wie dies zu bewerkstelligen sei, verhindern eine klare und tragfähige Dialogbereitschaft.

MERKPUNKT

- Nur durch die Bereitschaft und Fähigkeit, sich in die Einstellung anderer Menschen einzufühlen, können wir ihnen in ihrer wohl schwersten Zeit nahe sein.

Dies erfordert die bedingungslose Auseinandersetzung mit dem eigenen Sterben. Wehren wir uns gegen diesen Gedanken, so wehren wir uns gegen uns selber. Die beklemmenden, bangen Gefühle bedrohen so sehr, daß wir ihnen auszuweichen versuchen. Erst wenn wir uns auf diesen unbekannten Bereich unseres Lebens einlassen, erkennen wir, wie vielfältig unser eigenes Denken überhaupt ist und wie stimmungs- und situationsabhängig unsere Meinung oder Haltung erscheint. Je mehr wir uns mit diesem Grenzbereich befassen, um so weniger wird er uns bedrohen. Je länger wir uns mit ihm auseinandersetzen, um so vertrauter wird er uns. Erst ein mutiges Sichstellen bewirkt, daß die

Ängste abklingen. Sie kommen zur Ruhe, verschwinden und lassen einer ungeahnten kreativen Seite freien Lauf.

1.2 Tod ist wie . . .

… in weiche Kissen fallen
… eisiger Wind
… Dunkelheit
… Weltuntergang
… ein unlösbares Rätsel
… Durchgangstor
… Ende des Leidens, aller Not
… Vollendung und Neubeginn von etwas Besserem
… ein Licht sehen
… ein Abgrund, wo ich den Boden nicht sehe
… Heimkommen nach einer langen Reise
… Schritt ins Unbekannte
… Angst
… Absägen eines Baumes
… Fallen des Nebels
… das Erreichen eines Berggipfels bei Sonnenaufgang

Die Vorstellung, wie der Tod ist und was er für mich bedeutet, das Erkennen der eigenen Vielfalt und die Annäherung an dieses bedrohliche Thema lassen mich offen werden, hellhörig für die Vorstellungen der andern. Ich beginne zu vergleichen. Ich überlege mir, ob andere Umschreibungen auch mich ansprechen können. Ich lasse Bilder von andern in mir wandern. Die einen Bilder ziehen vorbei, andere bleiben haften. Ich beginne zu spüren, wie vielfältig und virtuos die Interpretationen erscheinen. Ich verlasse die Fixierung, daß Sterben und Tod so definiert werden müssen, wie ich es für richtig und gut empfinde. Meine Regungen und Empfindungen reihen sich ein in die Palette aller und verlieren an Exklusivität. Ich rede jetzt von möglichen Gefühlen und nicht mehr von richtigen Gefühlen. Ich spüre jetzt, daß jede Definition wichtig und für die Auseinandersetzung auch richtig ist. Ich stelle mich dieser neuen Situation, indem ich mich bedingungslos auf mein Gegenüber einlasse. Ich rede mit ihm nicht mehr über etwas, was nur ihn angeht, sondern spreche *von* etwas, das auch mich betrifft. Ich fühle mich solidarisch, auf gleicher Stufe. Dies ist wohl die wichtigste Bedingung, die eine fruchtbare Begegnung ermöglicht.

AUFGABE

Füllen Sie nachfolgende Felder mit je fünf Umschreibungen:

Sterben ist wie . . .	Tod ist wie . . .
. . . .	. . . .
. . . .	. . . .
. . . .	. . . .
. . . .	. . . .
. . . .	. . . .

Diese Aufgabe erfordert Zeit und die entsprechende Stimmung. Sie kann nur gelöst werden, wenn der äußere Lebensraum zu einer wohligen Atmosphäre gewachsen ist. Dies ermöglicht ein ungestörtes Formulieren der innersten Empfindungen. Ein geschützter Rahmen ist Voraussetzung.

2. Ausdrucksformen der Trauer

Spüren wir am eigenen Leib Elemente der Trauer und lernen wir sie anzunehmen, so hören wir auf die unterschiedlichen Formen der Trauerreaktionen. Diese Ausdrucksformen sind individuell und hängen sehr mit dem Temperament des einzelnen zusammen. Über die Trauer und die Trauerarbeit sind in den letzten Jahren hilfreiche Publikationen erschienen.

Kast [2] beschreibt vier Phasen der Trauerarbeit:
1. Die Phase des Nicht-wahrhaben-Wollens.
2. Die Phase der aufbrechenden Emotionen.
3. Die Phase des Suchens und Sich-Trennens.
4. Die Phase des neuen Selbst- und Weltbezugs.

Canacakis [3] spricht von fünf Phasen in seinem Transzyklenmodell:

1. Transzyklus: Bewußtwerden des inneren und äußeren Bewegtseins.
2. Transzyklus: Zeit der Inspiration und des kreativen Sprungs
3. Transzyklus: Selbstregulierung durch die Dynamik des schöpferischen Tuns.
4. Transzyklus: Stabilisierung und erneute Beziehung nach innen und nach außen.

5. Transzyklus: Neuordnen, Neuanfangen, Neuorientieren.

Worden [4] schließlich, um nur noch einen von vielen zu nennen, spricht wiederum von vier Traueraufgaben, die zu bewältigen sind:

1. Aufgabe: Den Verlust als Realität akzeptieren.
2. Aufgabe: Den Trauerschmerz erfahren.
3. Aufgabe: Sich anpassen an eine Umwelt, in der der Verstorbene fehlt.
4. Aufgabe: Emotionale Energie abziehen und in eine andere Beziehung investieren.

Diese theoretischen Ansätze finden sich – unterschiedlich gewichtet – auch bei Autoren wie Spiegel [5], Parkes [6], Zink [7], Bowlby [8] und anderen. Sie alle befassen sich hauptsächlich mit der Trauer nach dem Verlust durch Tod und beziehen sich auf die Entwicklung der Trauernden. Die Trauer ist jedoch abhängig von der Art und Weise, wie ein Familienmitglied gestorben ist, das heißt, wie überraschend der Tod eingetreten ist. Statistiken [9] zeigen, daß einer von zehn Menschen nicht an einer Krankheit stirbt. Grundsätzlich lassen sich folgende Sterbekategorien auflisten:

2.1 Tod durch Krankheit

In der Regel geht dem Tod eine unterschiedlich lange Phase der Erkrankung voraus. Diese Phase kann Jahre dauern. Vom Moment der Diagnose bis zum Tod erleben der Patient und seine Angehörigen turbulente und aufreibende Zeiten. Sie erhalten Gelegenheit, sich mit der unumgänglichen Tatsache des bedrohlichen Sterbens auseinanderzusetzen. Rund ein Drittel dieser knapp 90% stirbt an einem bösartigen Tumor. Ein weiteres Drittel stirbt an Krankheiten des Herz-Kreislauf-Systems. Je nach Art der Erkrankung bleibt mehr oder weniger Zeit zur Verfügung. Wie diese Zeit genützt oder vergeudet wird, diese Frage soll uns später noch beschäftigen.

2.2 Tod durch Unfall

Mit 8% aller jährlichen Todesfälle steht diese Art an zweiter Stelle. Motorfahrzeugunfälle und unfallmäßige Stürze bilden rund die Hälfte aller Todesfälle dieser Kategorie. Im besten Fall erleben die Patienten noch eine ganz kurze Zeit auf einer Intensivstation, angehängt an medizinaltechnische Apparaturen. Der Unfalltod ist für die Angehörigen in der Regel völlig überraschend und kommt aus heiterem Himmel. Keine Anzeichen sind vorgängig sichtbar, die Nachricht trifft unerwartet ein. So erlebte ich eine Familie, der mitten in einer heiteren Geburtstagsfeier der Mutter mit vielen Freunden und Bekannten an der Türe durch die Polizei mitgeteilt wurde, daß ihr 16jähriger Sohn mit seinem Moped tödlich verunglückt war. Wie ein Blitz trifft eine solche Nachricht in die heitere und ahnungslose Runde und zerstört alle Fröhlichkeit schlagartig. Die unfaßbare Nachricht lähmt und läßt die Brocken im Halse stecken. Der Schock führt zu einem *narkotisierten Zustand,* in dem die Angehörigen zwischen Traum und Wirklichkeit hin und her gerissen werden. Sie glauben die

Nachricht nicht, nennen sie oft eine Lüge oder makabren Scherz und versuchen so, das scheinbar Unmögliche abzuwenden: Das kann doch nicht wahr sein! Im Gespräch mit Polizisten habe ich erfahren, daß sie die gleichen Sätze oft mehrmals formulieren müssen. Sie erkennen die physische Veränderung im Gesicht und sehen auch, wie brutal ihre schlimme Mitteilung den Angehörigen den Boden unter den Füßen wegzieht.

Ich beneide die Polizeibeamtinnen und -beamten keineswegs um ihre Arbeit. Sie haben ohnehin oft jene Funktion zu übernehmen, die anderen unangenehm und zu heikel sind. Zu diesen „heißen Eisen" gehören auch Mitteilungen über einen Todesfall. Für die Beamten sind unterschiedliche Kriterien maßgebend. Zum Teil verkommt die Benachrichtigung von Angehörigen zur reinen Routinearbeit. Handelt es sich um einen Drogentoten, so werden die Abklärungen weniger zimperlich verlaufen, als wenn ein Kind überfahren wird. Ein Beamter wird oft von seiner Funktion vor emotionalen Reaktionen geschützt. Je eher aber der Verstorbene auch Mitglied seiner Familie sein könnte, um so näher wird es ihn treffen.

Beispiel 1: Familie K. sitzt mit zwei ihrer drei schulpflichtigen Kinder am Tisch. Sie warten nicht auf die 10jährige S., die an diesem Wochentag abends immer etwas später von der Jugendriege nach Hause kommt. Der Vater beginnt jedoch unruhig zu werden, legt das Besteck zur Seite, gibt seiner Frau einen Kuß auf die Stirne und verabschiedet sich mit den Worten, er wolle S. abholen gehen. Keine dreihundert Meter vom Hause entfernt trifft er auf einen

Unfall und erkennt unter dem Auto die Schuhe seiner Tochter. Sie selber war nicht mehr an der Unfallstelle. Die Ambulanz hatte sie in die Kinderklinik gefahren. Der Polizist riet ihm, sofort die Klinik anzurufen. In panischer Angst stürmt er nach Hause, reißt die Wohnungstüre auf und schreit: „S. ist tot!" In diesem Moment klingelt das Telefon. Der Klinikarzt informiert ihn, daß S. soeben gestorben sei, und bittet die Familie, in das Krankenhaus zu kommen. Wortlos rast die Familie durch die Stadt, Verkehrsregeln mißachtend, einfach so schnell wie möglich. Stunden später kehren sie zurück in ihr Wohnzimmer mit zwei umgekippten Stühlen, vier halbvollen Tellern, hingeworfenem Besteck und einem ordentlich gedeckten, leeren Platz, jenem von S. Und dieser Platz wird von jetzt an leer bleiben!

Täglich lesen wir auf den letzten Seiten der Tageszeitungen Meldungen über tödliche Unfälle. Wir konsumieren diese Meldungen gedankenlos. Zu Beginn der Ferienzeit oder an den Ausflugswochenenden häufen sich die Verkehrsunfälle, und am kommenden Tag wird addiert, wieviel Tote es dabei gegeben hat. Wer erahnt schon, welch bitteres Leid hinter diesen Informationen steckt!

Beispiel 2: Vier Bergsteiger im Alter zwischen 19 und 23 Jahren rüsten sich für eine Klettertour, die ihren Fähigkeiten angepaßt ist. Herrlichstes Märzwetter mit den ersten wärmenden Sonnenstrahlen kündigt den nahenden Frühling an. Die Gruppe bildet zwei Zweierseilschaften. Zügig klettern sie durch das Schneecouloir dem Gipfel zu. Die erste Gruppe ist oben angekommen, da löst sich im Couloir ein metergroßer Eisbrocken, wuchtet die beiden andern Kletterer aus der Sicherung und reißt sie in die Tiefe. Beide sind tot. Es waren Brüder. Zu Hause warten die Eltern und die jüngere Schwester auf ihre Rückkehr. Der Dorfpfarrer übernimmt den Auftrag, der Familie den Tod ihrer beiden Söhne zu melden. Seither ist es dem Vater nicht mehr möglich, sich an der wärmenden, strahlenden Sonne auf den kommenden Frühling zu freuen!

Beispiel 3: Ein 68jähriger Bauer, verwitwet, hilft seinem Sohn, dem er den Hof übergeben hat, in Stall und Scheune aus. Er steigt auf den Heuboden, um einige Ballen Heu hinunterzuwerfen. Auf der letzten Sprosse der Heuleiter rutscht er aus und stürzt rückwärts auf den Betonboden. Er stirbt an einem Genickbruch. Als der Sohn seine Geschwister über den Vorfall informiert, wird ihm vom jüngeren Bruder vorgeworfen, er habe den Vater absichtlich auf den Heuboden geschickt. Er hätte wissen müssen, daß man älteren Männern nicht solche Arbeiten übertragen kann. Er sei schuld am Tode seines Vaters!

Beispiel 4: Ein Gemüsehändler auf Kundschaft will links in eine steil aufwärts führende Querstraße einbiegen. Im Schrittempo rollt er in die Straße hinein. Ein 4jähriges Mädchen fährt auf einem Dreirad diese steile Straße hinunter, munter lachend und die Beine nach rechts und links ausgestreckt. Die Mutter steht am Wohnzimmerfenster und sieht, wie ihre Tochter im nächsten Augenblick vor das Auto gerät. Sie kann nicht schreien. Sie bringt keinen Ton heraus. Sie hört ihr Kind noch „Mami“ rufen, und dann kracht es. Es stirbt an der Unfallstelle. Der junge Gemüsehändler steht verzweifelt vor dem reglosen kleinen Körper. Die Mutter ist am Fenster zusammengebrochen. Die Auseinandersetzung zwischen ihr und dem Fahrer wird nach zwei Jahren jäh unterbrochen, als sie, die Mutter dieser 4jährigen Tochter, an der gleichen Stelle einen 8jährigen Nachbarjungen streift und er erst nach langer, intensiver medizinischer Pflege gelähmt die Klinik verlassen kann.

Es gäbe noch viele solcher Beispiele aufzuzählen. Sie alle erschüttern zutiefst. Eines haben sie gemeinsam: die tödliche Überraschung, sowohl für die Betroffenen wie auch für die Angehörigen.

2.3 Tod durch Suizid

Bei den Angehörigen löst die Todesnachricht über einen Suizid eines Familienmitgliedes Fassungslosigkeit aus. Abschiedsbriefe, in denen Angehörigen keine Schuld zugeschoben wird, ändern nichts an der Tatsache, daß ein Suizid niemals verstanden wird. Er kann von den Angehörigen auch gar nicht verstanden werden, durchlebten sie doch während der kritischen Zeit des Suizidanten ein völlig normales und dem Alltäglichen gewidmetes Leben. Sie fragen sich immer wieder, weshalb wohl dieser Suizid geschehen mußte. Im besten Fall können sie beginnen, die Handlung anzunehmen, verstehen werden sie sie nicht. Versuchen wir wiederum anhand einiger Beispiele dem Inhalt dieser Handlungen näherzukommen.

Beispiel 5: Vater und Sohn (20) spielen zusammen Tennis, und zwar am letzten Tag, an dem der Platz noch geöffnet ist. Es ist zugleich das letzte Spiel des Tages und der Saison überhaupt. Der Platzwart animiert sie, nochmals ein Match zu spielen, dann werde er den Platz für die Saison endgültig schließen. Freudig nehmen sie dieses Angebot entgegen. Am Ende des Spiels kommt der Sohn zum Vater, umarmt ihn und sagt zu ihm: „Schön, daß wir beide das letzte Spiel gespielt haben." Sie trennen sich und vereinbaren, sich zum Nachtessen im Kreise der Familie wieder zu treffen. Zwei Stunden später ist der Sohn tot. Er hat sich in dem Wald erhängt, der an ihr Einfamilienhaus grenzt. Der Vater verzweifelt an dem Gedanken, er hätte das alles richtig hören müssen und verhindern können.

Beispiel 6: Ein 24jähriger Student verabschiedet sich von zu Hause und will mit dem Hund noch spazierengehen. Seine Eltern bemerken, daß er wirre und unkontrollierte Sätze spricht. Eine halbe Stunde später kommt der Hund allein zurück. Die Eltern alarmieren die Polizei und geben eine Vermißtmeldung auf. Der Sohn hatte sich vor den aus der Bahnstation seines Dorfes ausfahrenden Zug geworfen. Er war sofort tot. Die Eltern erzählen, daß ihr Sohn in den letzten Monaten, nach der Rückkehr von einer längeren Reise, nicht mehr klar kommunizieren konnte. Er sagte mehrmals, ihn würde niemand verstehen. Auch sie hatten das Gefühl, ihn nicht zu verstehen.

Beispiel 7: Ein 65jähriger, alleinstehender Mann erschießt sich im Badezimmer seiner Wohnung, nachdem er rund zwei Wochen zuvor pensioniert worden ist. In seinem Abschiedsbrief steht, daß für ihn das Leben jetzt keinen Sinn mehr habe. Eine ältere Wohnungsnachbarin schaute in seiner Wohnung nach und fand seine Leiche. Sie gab zu Protokoll, daß er bis zur Pensionierung fröhlich und optimistisch gewirkt habe. Er habe oft gefragt, was wohl nach der Pensionierung aus ihm werde. Er war weder verheiratet, noch hatte er eigene Kinder. Zu seinen Geschwistern unterhielt er nur gelegentliche Kontakte.

Zum Thema Suizid und Suizidforschung gibt es Hunderte von Publikationen. Immer wieder wird versucht, das Unmögliche möglich zu machen und hinter das Geheimnis des Suizids zu gelangen. Mit zunehmendem Alter steigt der Prozentsatz der Selbstmorde. „Die Diagnose Selbstmord ist nicht in jedem Fall klar zu stellen: Oft ist nicht deutlich zwischen Unfall und Selbstmord zu unterscheiden. Bei unklaren Unfallursachen wird oft Selbstmord vermutet. Wahrscheinlich ist auch, daß einige der Motorfahrzeug-Selbstunfälle zwar als Unfälle in der Statistik registriert, jedoch eigentliche Selbstmorde sind. Neben diesen Fällen, wo tatsächlich eine genaue Diagnose nicht möglich ist, sind auch wissentliche Falschdeklarierungen zu vermuten: Da es sich beim Selbstmord auch heute noch um eine – aus sozialen und vor allem religiösen Gründen – tabuisierte Todesursache handelt, ist anzunehmen, daß auch aus diesen Gründen Selbstmorde als Unfälle deklariert werden“ [10].
Ich begreife die Angehörigen sehr gut. Der Tod an sich beansprucht bereits alle ihre Kräfte. Dazu kommt nun eine Todesart, die gesellschaftlich nach wie vor diskriminiert ist und zu wilden Spekulationen Anlaß gibt. Von Außenste-

henden werden Urteile gefällt und in selbstgefälliger Manier verbreitet. Zudem – und dies ist besonders tragisch – hintersinnen sich die Angehörigen, weil sie glauben, die Signale nicht verstanden zu haben. Im Beispiel 5 fragt sich der Vater immer wieder, weshalb er die Mitteilung nicht aufgenommen und sie hinterfragt hat. Obwohl die äußeren Anzeichen keineswegs als suizidale Mitteilung hätten verstanden werden müssen, bleiben sie ein Rätsel, und rückblickend hält der Vater an der Behauptung fest, er hätte sie richtig deuten müssen. In den Interviews einer Zürcher Untersuchung [11], bei der die Angehörigen befragt wurden, gaben 79% der Befragten an, der Suizidant hätte mehrmals geäußert, er werde nicht verstanden. 64% erklärten, die Betroffenen hätten von Sinnlosigkeit gesprochen, sie seien unerwünscht, wertlos, unangemessen in ihrem Verhalten, ausgestoßen, eine Last für andere. 56% gaben an, von ihnen gehört zu haben, daß es keine Hilfe für sie gebe und das Leben so nicht weitergehen könne. Diese Informationen sind vage und wiederholen sich; sie werden daher von den Angehörigen oft nicht allzu ernst genommen. Man geht darüber hinweg und vertröstet sich auf eine bessere Zukunft. Bei lediglich 58% der Befragten waren klare Suizidäußerungen erkennbar:

— Das beste ist, ich erschieße mich!
— Am besten ist, ich beendige alles!
— Wenn es schlechter wird, nehme ich mir das Leben!
— Ich möchte nicht mehr länger leben!
— Es wäre besser, ich wäre tot!
— Ich möchte nicht auf dieser Welt sein!
— Ich habe die Nase voll. Ich entferne mich von hier!
— Ich werde eines Tages Selbstmord machen!

31% der befragten Angehörigen ignorierten diese Aussagen und schenkten ihnen keinen Glauben. 21% fühlten sich hilflos, hatten Angst, wollten aber helfen. 19% zeigten sich betroffen, bedauerten die Situation, unternahmen aber nichts. Rund 10% glaubten an die Aussagen, akzeptierten sie und versuchten zu helfen. Die Trauer ist um so intensiver, je mehr man sich informiert fühlte und nichts unternehmen konnte. Andere wiederum können sich nicht erklären, weshalb sie die Sprache der nun Verstorbenen nicht verstanden haben. Sie klammern sich an das vermeintlich gute Verhältnis und setzen alles daran, die Beziehung zwischen ihnen und dem Verstorbenen in einem angenehmen Licht erscheinen zu lassen. Der Schmerz des Verlustes ist groß genug. Auf die soziale Verachtung können die Angehörigen sehr gut verzichten!

Suizide gibt es in der ganzen Menschheitsgeschichte. Je feiner die Statistiken wurden, um so mehr Suizide wurden gezählt. Die Industrialisierung hat der Gesellschaft die Grenzen der Machbarkeit fast unendlich ausgedehnt. Modernste Kommunikationsmittel und perfekte Technologie haben indes keine qualitative Veränderung in der menschlichen Kommunikation gebracht.

Selbstmordgefährdete Patienten empfinden sich als abseits der Gesellschaft stehend oder von ihr ausgestoßen. Sie fühlen sich einsam und hilflos, verloren und ohnmächtig.

Über 90% der gegen ihren Willen geretteten Suizidalen sind nach mehreren Jahren bis Jahrzehnten noch am Leben [12]. Dies spricht dafür, daß die Rettungsmaßnahmen in der überwältigenden Mehrzahl der Fälle wenn nicht gemäß dem momentanen, so doch gemäß dem langfristigen Willen der suizidalen Menschen erfolgt sind. Dauerhaft resignierte und gequälte Schicksale bilden unter den Geretteten die Ausnahme.

Suizidale entscheiden oft innerhalb von Minuten oder

wenigen Stunden. Langfristige Vorbereitungen sind eher selten. Eine tiefe emotionale Erschütterung kann zu diesem Schritt führen. Gedanklich haben sie sich nicht selten genau vorbereitet, zum Teil sogar den Ort bereits ausgewählt.

Beispiel 8: Ein älteres Ehepaar meldete sich mit ihrem 25jährigen Sohn zu einem Gespräch an. Grund: kommunikative Armut. Der Sohn, Student der Kunstgeschichte in München, sprach von Lustlosigkeit und wollte sein Studium aufgeben, obwohl er dieses Fach sehr mochte. Im Gespräch mit ihm alleine wurde ersichtlich, daß er in München völlig isoliert lebte und auch studierte. Er hatte weder Kameraden noch eine Freundin. Das Verhältnis zu seinen Eltern bezeichnete er als oberflächlich. Er fühle sich nicht verstanden. Auf meine Frage, ob er auch schon an Selbstmord gedacht habe, gestand er ohne zu zögern, daß er sich erhängen werde. Der Strick sei unter seinem Bett in München bereit, und er habe sich auch die Stelle bereits ausgesucht. Auf die Frage, wann er das letzte Mal an Suizid gedacht habe, gab er die knappe Antwort: „Gestern!" Auch hier wollte ich die Art des Vorgehens wissen. Er nannte die gleiche Methode, erklärte aber zugleich, daß ihn das heutige Gespräch daran gehindert habe. Er habe viel Vertrauen zu mir und hoffe, einen Ausweg aus dieser Sackgasse zu finden. Er habe noch mit niemandem derart offen und angstfrei über Suizid gesprochen. Dies ermuntere ihn zum Weiterleben.

Damit sind die Gefahren nicht gebannt. Es entsteht aber

eine Atmosphäre, die es möglich macht, mit dem Patienten zusammen einen neuen Weg zu suchen.
Die Ausweglosigkeit in der gesellschaftlichen Isolation, Mißerfolge oder das Unvermögen, Erfolgssymbole in einer leistungsorientierten Gesellschaft zu produzieren, führen in ein Ghetto, aus dem der Suizid der letzte Ausweg sein kann.

MERKPUNKTE

- Suizidäußerungen sind ernst zu nehmen.
- Suizidale fühlen sich einsam und verlassen und sind auf tragfähige und belastbare Bezugspersonen angewiesen.
- Menschen, die einen Suizid unternehmen, handeln aus einer inneren Verzweiflung heraus, deren Ursachen sehr vielfältig sein können.
- Suizide kommen in allen Familien und sozialen Verhältnissen vor.
- Wer einmal in seinem Leben suizidal gewesen ist, ist es nicht sein Leben lang.
- Niemand hat das Recht, Suizidanten zu verurteilen.
- Angehörige von Suizidanten machen sich Selbstvorwürfe, weil auch ihnen die wirklichen Gründe verborgen bleiben.
- Angehörige suchen Verständnis für sich und die Last, die sie zu tragen haben.

2.4 Tod durch Drogen oder Aids

Ich nehme diese beiden Problemstellungen bewußt zusammen. Es ist schlimm, welch aggressive und abschätzige Bemerkungen über Drogenpatienten und HIV-Positive die Runde machen. In vielen Köpfen handelt es sich bei diesen Menschen um „Abschaum der Gesellschaft“, „Taugenichtse“, „Schmarotzer“, „Gesindel“, „Mißgeburten der Schöpfung“, um nur einige Bezeichnungen zu nennen. Im Bereich der HIV-Infektion und Aids-Erkrankung definiert das Schweizer Bundesamt für Gesundheitswesen drei Epidemien.

Die erste Epidemie ist demnach die weltweite Infektion durch das Virus (die Infektionsausbreitung). Man weiß nicht, wo das Virus das erstemal aufgetreten ist; es muß in den sechziger Jahren geschehen sein. Die Infektion hat sich erst anschließend richtig auszubreiten begonnen.

Die zweite Epidemie ist diejenige der Erkrankungen, also jene der Infektionsfolgen. Diese wurde mit den ersten Krankheitsfällen in den USA anfangs der achtziger Jahre entdeckt.

Die dritte Epidemie schließlich umfaßt die sozialen, kulturellen und gesellschaftlichen Reaktionen. Diese Epidemie wird von uns selbst gemacht. Aids wird oft als selbstverschuldete, unanständige Lustseuche oder Schwulenpest des 20. Jahrhunderts qualifiziert. Viele empfinden Abscheu und Ekel vor diesen Mitmenschen. Sie wenden sich ab und stempeln sie zu „minderwertiger Ware“, um die es nicht schade ist! Statistisch gesehen sind in erster Linie Fixer und Homosexuelle vom HIV-Virus bzw. der Aids-Erkrankung betroffen. Wahrscheinlich erfaßt die Statistik aber nur die Hälfte aller HIV-Positiven. Man rechnet mit einer ebenso großen Dunkelziffer. Zudem ist feststellbar, daß die

Aids-Erkrankungen bei der heterosexuellen Bevölkerung zunehmen. Demzufolge kann man annehmen, daß in Zukunft die Erkrankungen bei den Fixern und Homosexuellen zurückgehen, bei den Heterosexuellen jedoch zunehmen werden. Und diese Entwicklung betrifft uns alle!
Drogenkonsumenten und Aids-Patienten seien ein volkswirtschaftliches Problem, wird gesagt. Man rechnet aus, wie teuer diese Erkrankungen und deren Folgen den Staat zu stehen kommen. Man verschweigt im gleichen Atemzug, daß jährlich allein in der Schweiz über 650 Menschen durch Alkoholmißbrauch [13] sterben und der Tabakkonsum wesentlich größere volkswirtschaftliche Schäden anrichtet. Bei diesen Todesursachen handelt es sich um zivilisierte, gesellschaftlich akzeptierte Erkrankungen. Von diesen Übeln ist auch mehr als die Hälfte der Bevölkerung betroffen. Es sind sozialisierte Auswüchse; scheinbar sind sie weniger bedrohlich und gehören zum „guten Ton“. Die abschätzige Beurteilung der Drogen- und Aids-Patienten überträgt sich auch auf deren Behandlung und diejenige der Angehörigen.

Beispiel 9: Bei Frau Z. meldet sich telefonisch ein Polizist. Sie wird gefragt, ob sie ein 18jähriges Mädchen namens A. K. kenne. Sie bejaht und erklärt, daß es die Tochter aus erster Ehe sei, sie selber habe vor vier Jahren wieder geheiratet und trüge darum nicht den gleichen Familiennamen wie die Tochter. Kurz und bündig wird ihr erklärt, daß besagte 18jährige Tochter in der Bahnhoftoilette im Zürcher Hauptbahnhof gefunden worden sei. Sie sei wahrscheinlich an einer Überdosis Heroin gestorben. Man habe sie zur Obduktion ins Gerichtlich-medizinische Institut überführt. Wenn sie sie sehen wolle, so müsse sie dort nachfragen. Sachlich, kühl, emotionslos – die Statistik ist um eine Drogentote reicher!

Drogenpatienten und HIV-Positive oder Aids-Patienten sind Menschen wie wir alle und haben ein Recht darauf, auch als Tote genauso würdevoll behandelt zu werden. Gerade für die Angehörigen, welche die Entwicklung ihrer Verwandten oft mit Sorgen und großer Hilflosigkeit verfolgten, ist ein tödlicher Abschluß erschütternd und mit größten Schuldgefühlen belastet. Die soziale Umgebung stochert nicht selten gerne und ausgiebig in den nun offenliegenden Wunden: „selber schuld“, „hätten sie sich früher mehr um ihr Kind gekümmert“, „typisch, weil geschieden und wiederverheiratet“, „unfähig zu erziehen“ und vieles mehr.
Auch wenn der Tod eines Familienmitgliedes wegen dessen Drogenkonsum wahrscheinlich sein kann, so rechnet doch kein Angehöriger damit. Er hofft immer, daß doch noch ein Weg zur Genesung möglich ist. Man will es nicht wahrhaben.

Beispiel 10: Eine geschiedene Mutter versucht neben ihrer Arbeit den 23jährigen Sohn zu begleiten. Er hat sich einem Methadon-Programm unterzogen und will auf diesem Weg von den Drogen wegkommen. In ihrem Kampf steht sie allein. Der geschiedene Vater will von seinem Sohn nichts wissen; die vier Jahre jüngere Tochter mußte in ein Lehrlingsheim eingewiesen werden. Nach einem halben Jahr der Behandlung wird bekannt, daß der Sohn HIV-positiv ist. Entdeckt wurde die Infektion anläßlich eines Klinikaufenthaltes wegen einer Lungenentzündung.

MERKPUNKTE

- Drogenpatienten sind mehrfach vom Tode bedroht:
  - durch eine Überdosis;
  - durch unsaubere Ware;
  - durch gebrauchte Spritzen (Spritzentausch/HIV-Infektion).
- Angehörige von Drogensüchtigen und HIV-Positiven bedürfen der engen Begleitung durch Freunde, Verwandte, Bekannte, Nachbarn.
- Urteile stehen uns in keinem Fall zu.
- HIV-Positive sind auf tragfähige Beziehungen angewiesen.
- Die Gefahr einer Ansteckung ergibt sich erst, wenn die bekannten Umgangsregeln mißachtet werden.

2.5 Tod durch Verbrechen

Für die Angehörigen ist ein solcher Tod grauenhaft, denn er wurde gezielt herbeigeführt. In der Schweiz ist jährlich mit etwa 50 bis 60 Morden zu rechnen, also mit einem pro Woche. Hinzu kommen noch jene Fälle, die ungeklärt bleiben (etwa 100). Eine weitere Verbrechensart bilden die Entführungen, die nicht selten mit der Ermordung der Entführten enden. Besonders tragisch sind aber alle jene Fälle, bei denen die Opfer nicht mehr gefunden werden. Für Eltern ist es entsetzlich, ihr Kind entführt zu wissen, es jedoch nie mehr sehen zu können, auch tot nicht. Sie wissen nicht, wo ihr Kind ist. Ich begreife jene Mutter, die mir sagte, in einem Traum ihre entführte Tochter in einem Harem gesehen zu haben. Die verzweifelten Hilferufe in Form von kleinen Plakaten an den Poststellen verhallen und geraten wieder in Vergessenheit. Natürlich sind es sehr wenige Fälle. Aber den direkt Betroffenen nützen alle Wahrscheinlichkeitsrechnungen nichts. Für sie ist es bittere Realität.

Beispiel 11: Eine Mutter, deren Kind entführt wurde, schilderte, daß sie in unregelmäßigen Abständen telefonisch belästigt wurde. Man sagte ihr, sie wisse vermutlich schon, wo sie ihr Kind „verscharrt" habe, um die Versicherungsgelder kassieren zu können. Mir gegenüber äußerte sie, daß sie froh wäre, ihr Kind könnte tot gefunden werden. So wüßte sie wenigstens, wo ihre Tochter wäre!

Es mangelt nicht an Gemeinheiten, Hinterhältigkeiten, gezielten Verletzungen brutalster Art. Oft erscheint mir die Gesellschaftsordnung schlimmer als die Hackordnung in einem Hühnerstall. Ich spüre in mir die Ohnmacht, solchen Machenschaften den Riegel vorschieben zu können. Alle technischen Hilfsmittel können die Verletzungen nicht mindern, wenn Menschen, die ohnehin schwer genug zu tragen haben, geradezu lustvoll traktiert werden. Wohin führt das? Welche Ziele werden auf diese schändliche Weise verfolgt?

AUFGABE

Falls Sie von einem solchen Fall in Ihrer näheren Umgebung Kenntnis erhalten, so schreiben Sie den Angehörigen. Sie sind auf Ihre Solidarität angewiesen.

Erwarten Sie keine Antwort, aber schreiben Sie. Drücken Sie Ihr Mitgefühl und Ihre Hilflosigkeit aus. Unterlassen Sie es, Ratschläge zu erteilen.

3. Wer ist Angehöriger?

Grundsätzlich ist von zwei Definitionen auszugehen:

— der juristischen Definition des Begriffs „Angehöriger“
— der sozialen Definition.

Diese beiden Definitionen zeigen Unterschiede, die oftmals mißachtet und nicht ernst genommen werden. In erbrechtlicher Hinsicht ist die Reduktion auf die juristische Ebene durchaus verständlich und nachvollziehbar. Für den Erblasser gibt es genügend Freiraum, diesen engen Spielraum testamentarisch zu erweitern.

In Deutschland, Österreich und der Schweiz ist der Begriff „Angehöriger“ jeweils im Strafrecht definiert:

Im schweizerischen Strafrecht wird in Artikel 110, Ziffer 2, der Ausdruck wie folgt erklärt: „Angehöriger einer Person sind ihr Ehegatte, ihre Verwandten gerader Linie, ihre vollbürtigen und halbbürtigen Geschwister, ihre Adoptiveltern und Adoptivkinder“ [14].

Das deutsche Strafrecht grenzt den Begriff Angehörige nicht derart radikal ein: „Als Angehörige gelten Verwandte und Verschwägerte in auf- und absteigender Linie, auch wenn die Beziehung auf nichtehelicher Natur beruht, Adoptiv- und Pflegeeltern und -kinder, Ehegatten und deren Geschwister, Geschwister und deren Ehegatten und Verlobte“ [15].

Noch breiter erscheint die Auslegung im österreichischen Strafrecht: „Als Angehörige gelten Verwandte und Ver-

schwägerte in auf- und absteigender Linie, die Geschwister und deren Ehegatten, der Ehegatte und dessen Geschwister, Geschwisterkinder oder fernere Verwandte“ [16].
Schon die Unterschiedlichkeit der gesetzlichen Definitionen zeigt an, daß der Begriff „Angehörige“ als unklar gilt. In erbrechtlicher Hinsicht sind die Verhältnisse geregelt. Das neue schweizerische Ehe- und Erbrecht hat diesbezüglich bedeutende Veränderungen erfahren. Zum einen wurde der überlebende Ehegatte bessergestellt und zum andern der Spielraum des Erblassers erhöht. Da der Tod jedoch nicht nur ein juristischer Vorgang ist, kann diese enge Bestimmung im sozialen Kontext nicht genügen.
Oft genug erfahre ich, daß gerade diese verwandtschaftlichen Banden den Sterbeprozeß eher erschweren als erleichtern. Unbereinigte familiäre Verhältnisse führen zu kritischen Begegnungen, die oft das Unbereinigte unantastbar machen. Tabus, Relikte aus konflikthaften Zeiten werden gefestigt und nicht gelöst. Man will dem Sterbenden nicht weh tun und drückt sich um die Bereinigung. Man will auch sich selber nicht weh tun; man steht nicht zu den eigenen Fehlern und benützt die Situation des Sterbenden, um das Unbereinigte offenzulassen.
Jeder Mensch verfügt über ein eigenes und persönliches Netz von Beziehungen. Innerhalb dieser Verflechtungen entstehen Beziehungen, die enger sein können, als die juristischen Definitionen sie erfassen. Gerade aus familiären Gründen (Konflikte, Unverständnis usw.) werden Außenbeziehungen gesucht, die wesentlich tragfähiger erscheinen. Freundschaften, Kameradschaften, Zugehörigkeiten zu Vereinen und Organisationen werden zu lebenswichtigen und bedeutsamen Inhalten des Lebens.
Grafisch läßt sich diese Aussage wie folgt darstellen:

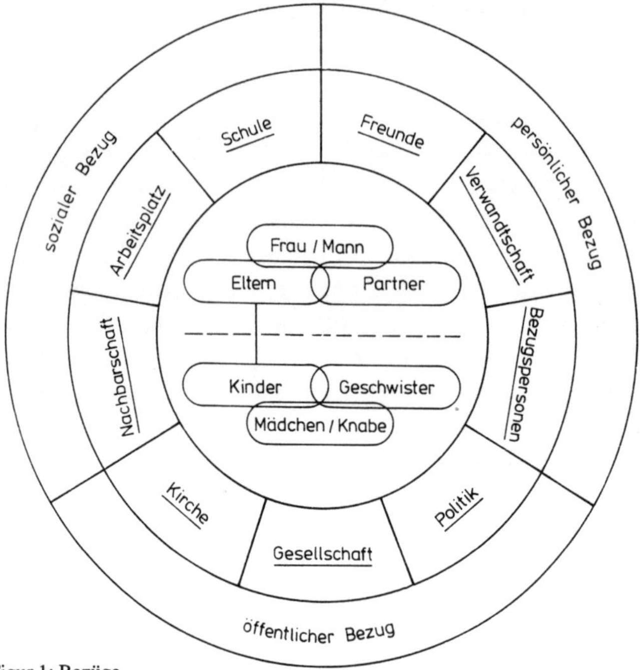

Figur 1: Bezüge

„Wir meinen daher im folgenden unter Angehörigen jene direkten Bezugspersonen, die dem Patienten am nächsten stehen, ihm freundschaftlich helfend beistehen können und zu denen der Patient das tiefste persönliche Verhältnis hat“ [17]. Diese erweiterte Festlegung geht von der qualitativen Beziehung des Patienten aus. Sie schränkt den Begriff ein auf die Intensität der Beziehung. Auch dieser Versuch ist mir zu eng. Ich denke, daß von vier Bezugsgruppen gesprochen werden müßte, in denen Angehörige definiert werden können:

— Intrafamiliäre Bezugspersonen
— Extrafamiliäre Bezugspersonen

— Exfamiliäre Bezugspersonen
— Berufliche Bezugspersonen.

Ich lasse mich dabei von folgendem Grundsatz leiten:

Als Angehörige im Sinne von „zum Patienten gehörend“ gelten all jene, die in irgendeiner Form eine bedeutende oder entscheidende Rolle oder Funktion im Leben des Patienten ausübten, sei dies in verwandtschaftlicher, kollegialer, helfender, begleitender oder verursachender Form.

3.1 Die intrafamiliären Bezugspersonen

Die intrafamiliären Vernetzungen sind vielfältig. Grundsätzlich sind zwei verschiedene Familiensysteme zu unterscheiden:
— Das System der Herkunftsfamilien
— Das System der eigenen Familie.

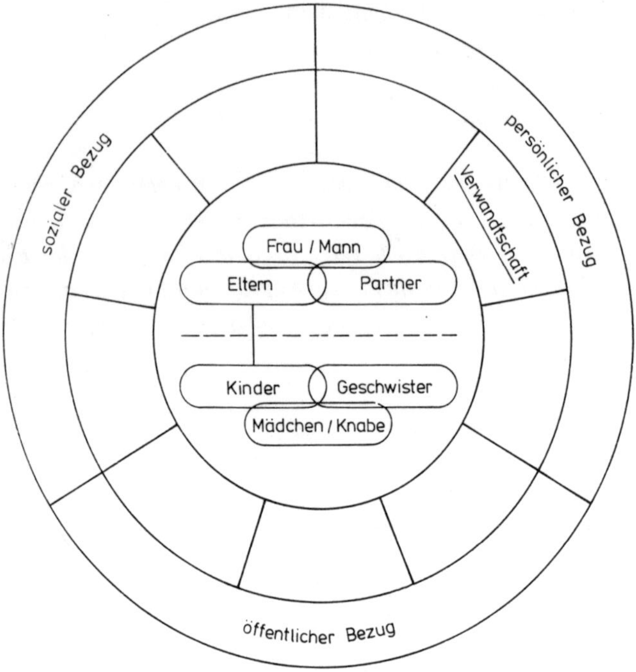

Figur 2: Teilbereich Familie

In unserer Herkunftsfamilie leben wir zwei Rollen: Wir sind und bleiben zeit unseres Lebens Kinder unserer Eltern, und wir leben als Geschwister, falls wir Brüder oder Schwestern haben. Die Dynamik dieser Familie ist mit der eigenen Familie nicht vergleichbar. Es existieren andere Werte und Normen, und ihre Geschichte ist (ihrer Zeit entsprechend) länger und bekannter als die Geschichte der eigenen Familie.

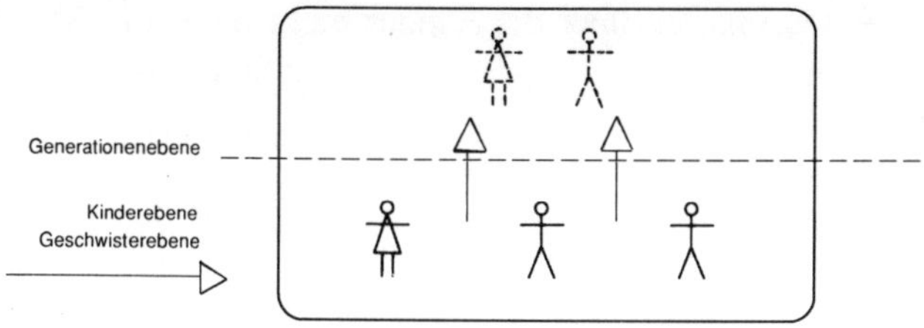

Figur 3: Rollen in der Herkunftsfamilie

In der eigenen Familie funktionieren wir wiederum in zwei sich deutlich unterscheidenden Aufträgen: Zum einen sind wir Partner und zum andern Elternteil. Diese beiden Rollen beinhalten völlig unterschiedliche Aufgaben. Hinzu kommt, daß viele wohl gute Elternteile sind, gemeinsam als Eltern jedoch große Schwierigkeiten haben. So ist es möglich, daß sich ein Elternteil allein mit den Kindern bestens versteht, aber erhebliche familiäre Spannungen und Konflikte spürbar werden, sobald beide Elternteile ihre Aufgabe gemeinsam wahrnehmen. Oft erkennt man Differenzen, die mit den Eltern als Partnern zu tun haben. Verstehen sich Erwachsene als Partner nicht, so werden sie sich als Eltern auch nur schwerlich einigen können.

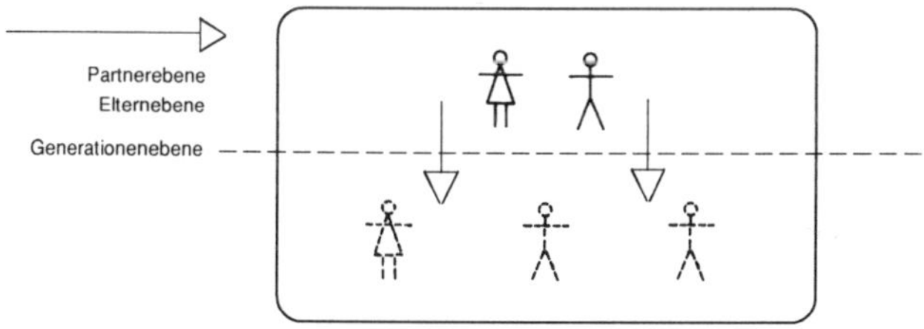

Figur 4: Rollen in der eigenen Familie

Beide Familiensysteme sind mit einem engen Kreis von Freunden zu ergänzen. In jüngerer Zeit werden die traditionellen Patenschaften über die Kinder nicht mehr nur Verwandten zugesprochen. Häufig übernehmen Freunde wenigstens einen Teil dieser Patenschaften. Der Kreis der eigentlichen Familie erweitert sich.

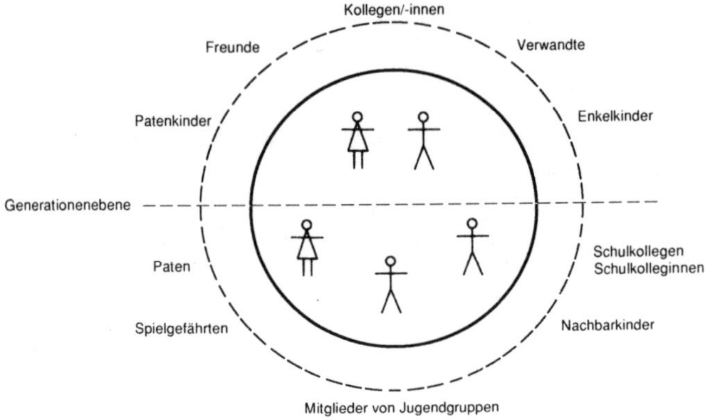

Figur 5: Erweitertes Familiensystem

Als intrafamiliäre Bezugspersonen gelten:

— *Eltern, die ein Kind verlieren/verloren haben.*
  Der Tod eines Kindes ist ein unersetzlicher Verlust, an dem die Eltern oft ihr Leben lang leiden. Der Kindertod ist unbegreiflich, unverständlich, er erscheint als sinnlos. Das Alter der Eltern spielt hier keine Rolle. Zu oft verkennt man, daß auch durch den Tod eines erwachsenen Menschen betagte Eltern ein Kind verlieren oder verloren haben.

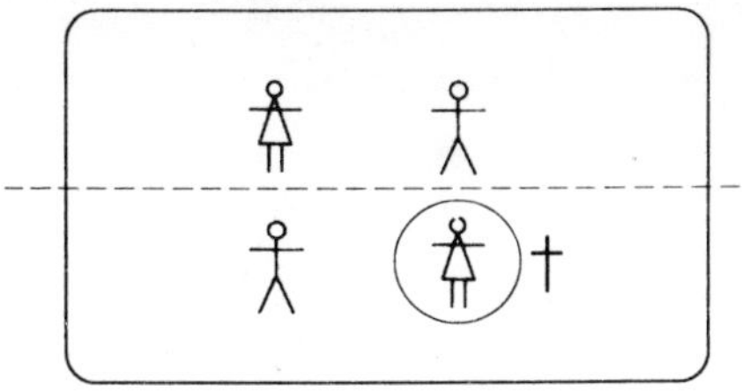

Figur 6a: Eigene Familie

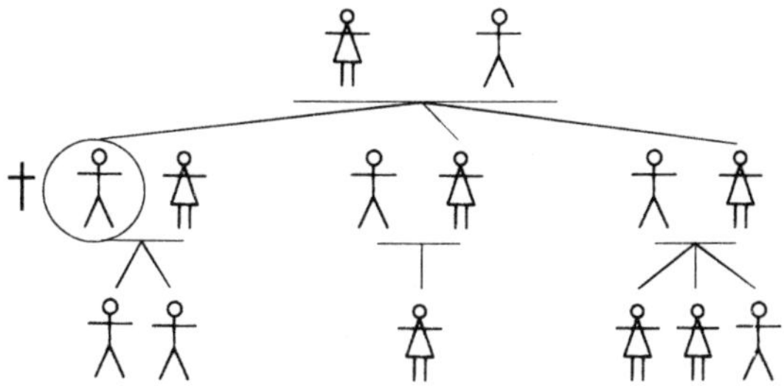

Figur 6b: Herkunftsfamilie

— *Kinder, die ein Geschwister verlieren/verloren haben.* Gerade der Tod eines Kindes verleitet uns dazu, in erster Linie die betroffenen Eltern zu beklagen. Geschwister geraten oft in Vergessenheit. Man erinnert sich erst an sie und ihre Trauer, wenn sie entsprechende Störungen zeigen. Stirbt ein erwachsener Mensch, so verliert seine Herkunftsfamilie ein Geschwisterteil. Sein Sterben löst neben dem Verlust auch große eigene Ängste aus, weil der Tod in greifbare Nähe rückt.

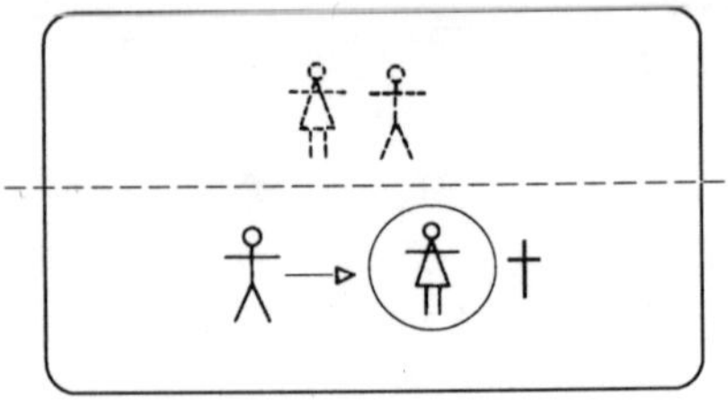

Fig. 7a: Eigene Familie

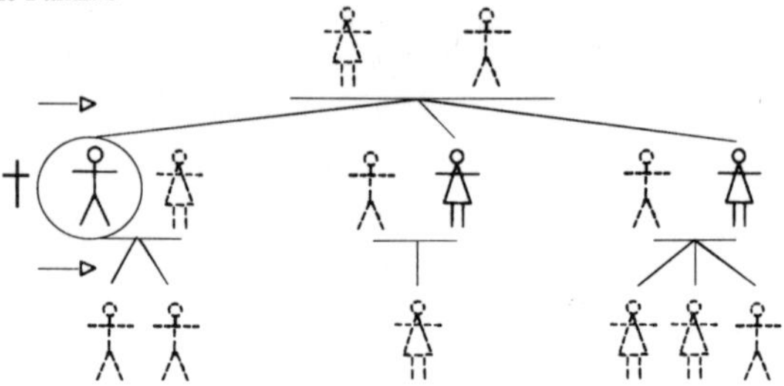

Fig. 7b: Herkunftsfamilie

— *Erwachsene, die ihren Partner verlieren/verloren haben.*

In der Schweiz gibt es jährlich rund 36.000 Eheauflösungen. Zwei Drittel davon werden durch den Tod des Partners verursacht (1985: 36.852 Eheauflösungen, davon 25.437 durch Tod des Partners und 11.415 durch Scheidung) [18]. Es ist absolut unzulässig, den Begriff Partnerschaft nur auf die Ehe zu beschränken. Partner ist nicht nur, wer verheiratet ist. Die gesellschaftliche Integration moderner Lebensformen macht deutlich, daß bei einem Tod eines Erwachsenen weit mehr Angehörige betroffen sind. Die juristische Definition des Begriffs „Angehörige“ zeigt hier eine nachdenklich stimmende Mißachtung der Realität. Es ist nicht anzunehmen, daß von den 1985 über 50jährigen Verstorbenen in der Schweiz (54.548) alle alleinstehend gelebt haben. Gerade das Alterskonkubinat macht deutlich, daß jene, die in einer partnerschaftlichen Beziehung leben, ihren alltäglichen Lebensrhythmus besser bewältigen als die andern. Es gibt sehr viele enge Beziehungen zwischen Erwachsenen, die inhaltlich einer Lebensgemeinschaft gleichen, nicht aber deren äußere Form besitzen.

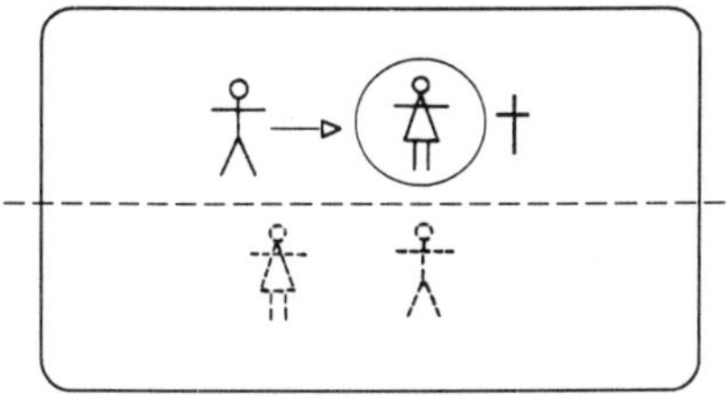

Fig. 8a: Eigene Familie

Andere Formen

- Verlust des Konkubinatspartners
- Verlust des Lebensgefährten
  (gleich - oder gegengeschlechtlich,
  Mutter/ Kind- Gemeinschaft,
  Vater/ Kind- Gemeinschaft,
  zusammenlebende Geschwister,
  Mitglieder von Komunen,
  unabhängig wohnende, befreundete Personen,
  usw.)

Fig. 8b: Andere Formen

— *Kinder, die einen Elternteil verlieren/verloren haben.* Je jünger der sterbende Elternteil ist, um so tragischer erscheint der Tod. Kinder tragen schwer an einem solchen Tod. Je älter der Elternteil wird, um so wahrscheinlicher wird das Sterben. Die Sterbehierarchie wird eingehalten. Der Tod ist normal. Auch bei betagten Menschen verlieren Kinder einen Elternteil. Die Bedeutung dieses Verlustes ist nicht mit einem Verlust in jungen Jahren gleichzusetzen; er hängt aber immer mit der Intensität der Beziehung zwischen den Erwachsenen und ihren sterbenden Eltern zusammen.

Fig. 9a: Eigene Familie

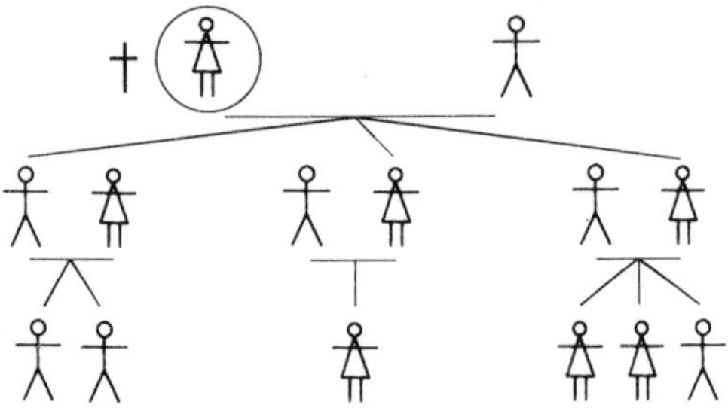

Fig. 9b: Herkunftsfamilie

— *Großeltern, die ein Enkelkind verlieren/verloren haben.*

Beim Tod eines Kindes vergißt man häufig, daß die Großeltern auf ganz besondere Weise betroffen sind. Sie haben ein Vorrecht darauf, Enkelkinder verwöhnen zu dürfen. Diese Beziehungen sind oft sehr herzlich und eng. Mit Enkelkindern kommt häufig wieder Sinn und Aufgabe in die nicht mehr aktive elterliche Funktion. Dies kann eine monotone partnerschaftliche Beziehung beleben und ihr neue Inhalte vermitteln. Mit dem Tod eines Enkelkindes kann dieser neue und die Zweierbeziehung stabilisierende Faktor wegfallen.

— *Paten, die ein Patenkind verlieren/verloren haben.*
Überall dort, wo sich die Paten nicht auf eine rein materielle Patenschaft einlassen, bedeutet der Tod eines Kindes enorm viel. Unter echter Patenschaft versteht man Taufzeugen, die in christlichem Sinn mitverantwortlich für das Wohlergehen und die Erziehung ihres Patenkindes sind. Die Reduktion dieses Amtes auf teure Geschenke mit zweimaligem Kontakt jährlich (Geburtstag und Weihnachten) ist eine falsch verstandene Patenschaft. Dort, wo echtes persönliches Engagement spürbar wird, hinterläßt ein Tod tiefe Wunden.

— *Pflegeeltern, die ein Pflegekind verlieren/verloren haben.*
Tagesmütter oder Eltern, die ein Kind in vorübergehende oder dauerhafte Pflege übernehmen, entwickeln ihre eigenen Beziehungen zu ihrem Schützling. Selten erfolgen solche Entscheide spontan und unüberlegt. Meistens steckt eine tiefere Motivation dahinter. Egal, ob die Eltern ihrem eigenen Kind ein Ersatzgeschwister geben möchten oder ob sie ein Kind in schlechten Verhältnissen an ihrem Wohlergehen teilhaben lassen möchten – diese Entscheidung wird häufig von langer Hand vorbereitet. In Gesprächen mit Pflegekindervermittlungsstellen wird denn auch die Motivation gründlich überprüft. Für Erwachsene hat die Übernahme eines Pflegekindes immer einen tieferen Sinn, der in sozialem, ethischem oder moralischem Denken und Handeln begründet sein kann. Auch die nur zeitweilige Pflege führt zu einer gemeinsamen Zeit mit gemeinsamen Erlebnissen. Wo Pflegeverhältnisse glücklich verlaufen, entstehen tiefe Beziehungen, die durch den Tod des Pfleglings erschüttert und zerstört werden, was

nachhaltige Reaktionen auslösen kann. Selbst wenn das Pflegeverhältnis negativ war, können ähnliche Reaktionen ausgelöst werden.

— *Pflegekinder, die einen Pflegeelternteil verlieren.*
Die Kehrseite der obigen Problemstellung liegt darin, daß bei guten Pflegeverhältnissen die Voraussetzungen für eine positive Entwicklung des Pfleglings auch von ihm erkannt und gespürt werden. Keine Lebenssituation ist in der Folge besser als jene des Pflegeverhältnisses. Stirbt nun ein Pflegeelternteil, so wird der weitere Aufenthalt in dieser Familie fraglich. Damit verändert sich die Lebenssituation wie auch die Lebensqualität des Pfleglings völlig. Aus einer sicher und vielfach auch positiv scheinenden Lage wird eine völlig unsichere und massiv bedrohliche Lebenssituation. Will der Pflegling in der Familie bleiben, so wird er sich oftmals wohlverhalten müssen und unter keinen Umständen stören dürfen. Auch Trauer kann zum Störfaktor werden!

Eine weitere Gruppe Betroffener bildet jener der Bediensteten: Haushaltshilfen, Dienstmädchen, Au-pair-Mädchen, Kindermädchen, Angestellte eines familiären Betriebes usw.

MERKPUNKT

- Ein Tod, wen er auch immer trifft, löst unterschiedliche intrafamiliäre Betroffenheit aus:
  - Stirbt ein Kind, so . . .
    … verlieren Eltern ein Kind.
    … verlieren Großeltern ein Enkelkind.

... verlieren Geschwister einen Bruder oder eine Schwester.
... verlieren Paten ihr Patenkind.

- Stirbt ein Erwachsener, so ...
  ... verlieren Eltern (falls sie noch leben) ein Kind.
  ... verlieren Erwachsene einen Partner oder eine Partnerin.
  ... verlieren Kinder einen Elternteil.
  ... verlieren Geschwister einen Bruder oder eine Schwester.
  ... verlieren Patenkinder einen Paten oder eine Patin.

Intrafamiliär sind viele Beziehungen unterschiedlich intensiv. Im System „Familie“ existieren Subsysteme, in denen sich zwei oder mehr Mitglieder gegen den Rest der Familie verbünden. Diese Koalitionen werden über die Generationenachse geschlossen; das heißt, ein Elternteil verbündet sich mit einem Kind gegen den anderen Elternteil, der ebenfalls mit einem oder mehreren Kindern ein Bündnis eingegangen ist. Auf diese Weise kann ein Familiensystem recht lange funktionieren. Stirbt nun einer dieser Koalitionspartner, so destabilisiert er gleichzeitig das eingefahrene System. In den USA hat man festgestellt, daß rund zwei Drittel aller Familien, die ein Kind verloren haben, kurze Zeit nach dem Tod des Kindes auseinanderbrechen.

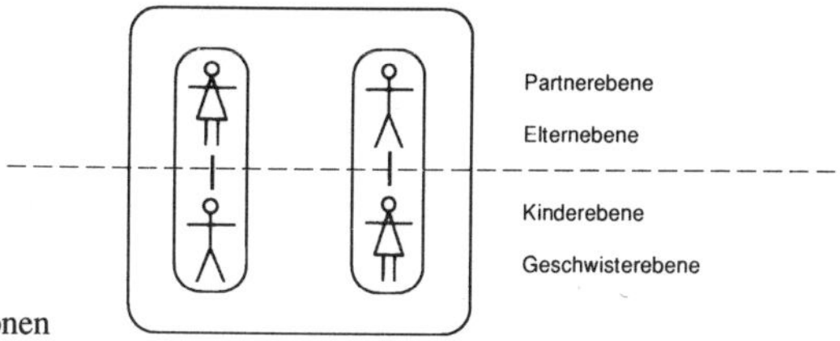

Figur 10: Koalitionen

Vorerst rückt die neue Teilfamilie eng zusammen, um die nächsten Tage und Wochen überstehen zu können. Nicht selten isoliert sie sich von der Umwelt, wobei zu erwähnen ist, daß sich auch die Umwelt dezent von den Angehörigen zurückzieht. Begründung: Man will nicht stören! Nach nur wenigen Monaten indes beginnen sich die einzelnen Familienmitglieder erneut extrafamiliär zu orientieren. Sie fangen an, ihre vorübergehend stillgelegten Außenbeziehungen zu reaktivieren. Vor allem ist es der Koalitionspartner des Verstorbenen, der (in seiner Familie nun allein) seine Netze außerhalb zu knüpfen beginnt. Die Familienmitglieder entfremden sich, und das System bricht nicht selten auseinander. Wer mit wem koaliert war, ersieht man übrigens spätestens nach der Testamentseröffnung.

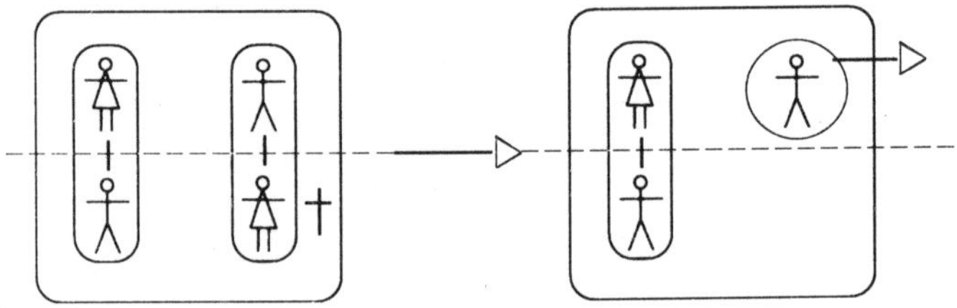

Figur 11: Aufbrechende Koalitionen

<u>Beispiel 12:</u> Ein 12jähriger Junge, mittleres von drei Kindern, unterhält zu seiner Großmutter mütterlicherseits engste Beziehungen. Er weiß, daß er in Sorgen und Nöten jederzeit zu ihr gehen kann. In der eigenen Familie fühlt er sich nicht sehr geborgen. Sein größerer Bruder pflegt gute Beziehungen zur Mutter, und die jüngere Schwester sitzt ständig dem Vater auf dem Schoß. Er fühlt sich überflüssig. Die plötzliche Krebserkrankung der Großmutter führt zu einem raschen Sterben. Vier Monate nach der Dia-

gnose ist sie tot. Wortlos nahm der 12jährige die Mitteilung entgegen, ging in sein Zimmer, packte einige Kleidungsstücke in eine Sporttasche und verließ das elterliche Haus über Balkon und Dachkänel. Zehn Tage später wurde er an der Grenze zu Italien in völlig verwirrtem Zustand aufgegriffen und nach Hause zurückgebracht.

3.2 Die extrafamiliären Bezugspersonen

Als Frau oder Mann, Mädchen oder Junge stehen die einzelnen Familienmitglieder in eigenen, teils autonomen und von der Familie abgetrennten Beziehungsfeldern. Diese individuellen Bezüge sind in ihrer Fülle nur dem Betreffenden bekannt. Jedes Familienmitglied pflegt und unterhält solche Beziehungen. Nachbarschaft, Schule, Arbeitsplatz, Militär, Vereine, Clubs, kirchliche oder weltliche Gruppierungen machen eine breite Auswahl möglich. Viele dieser Verbindungen werden punktuell gelebt, sind also nur aktiv, wenn sich die an der gleichen Sache Interessierten treffen. Außerhalb dieser Vereinigungen können solche Beziehungen inaktiv sein. Aus der Summe aller Beziehungsfelder erwachsen jedoch nur wenige echte, tiefe und dauerhafte Freundschaften. Zudem ist bekannt, daß gerade Männer eher wenige, oft gar keine tiefen freundschaftlichen Beziehungen pflegen. Dieser gravierende Mangel zeigt sich bei jenen Männern, die ihre Frau verloren haben. Oft nur mühsam (wenn überhaupt) gelingt es ihnen, dauerhafte Verbindungen zur Außenwelt zu erstellen und aufzubauen.

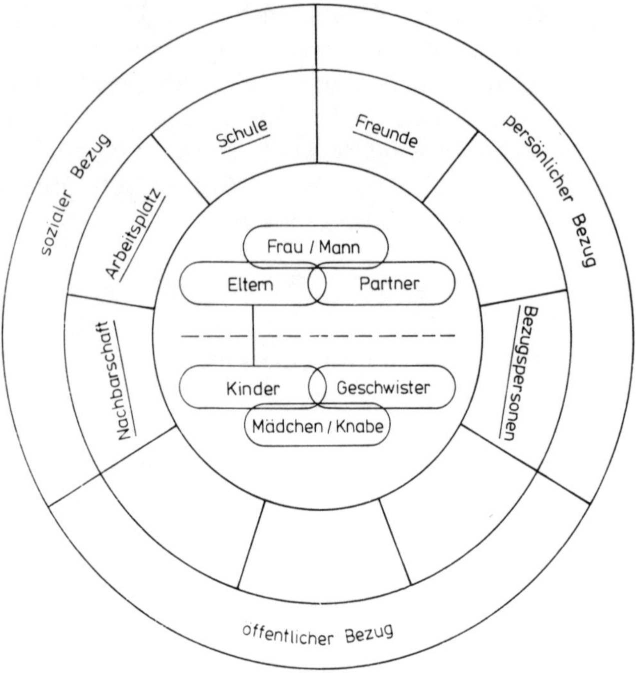

Figur 12: Soziale Bezüge

Die Kinder leben solche Beziehungen wesentlich spontaner und können im Verlaufe ihrer Entwicklung mehrere Wechsel vornehmen. Grundsätzlich aber trifft ein Tod nicht nur familiäre Bezugspersonen, sondern gleichzeitig auch eine nicht näher definierbare Menge anderer Menschen, die ebenso als Angehörige bezeichnet werden müssen.

Beispiel 13: Im Kindergartenalter erkrankte mein damaliger Freund Orlando. Er kam nicht mehr. Einige Wochen später erfuhr ich, daß er an einer Kinderlähmung starb. Ich war enttäuscht. Er hat mich einfach allein gelassen, hat mir nicht einmal „adieu" gesagt! Ich wurde hermetisch von ihm abgeschirmt. Ich war traurig und sehnte mich so sehr nach ihm als meinem einzigen Freund, daß ich einige Zeit später ebenfalls Symptome einer Kinderlähmung zeigte. Diese Reaktionsweise versetzte meine Eltern in Schrecken.

Beispiel 14: In einem Pfadfinderlager stürzte ein 16jähriger Führer über eine 20 Meter hohe Felswand und blieb tot liegen. Präses, Führungsstab und Gruppenmitglieder bargen ihn. Alle an diesem Lager Beteiligten werden nun von selbst zu Angehörigen. Sie gehören zu diesem Ereignis, das sie wohl nie mehr vergessen werden. Ich begreife die Trauer jener beiden Führer, die unmittelbar neben ihm im Zelt geschlafen haben und nun sehen, daß dieser Platz leer ist.

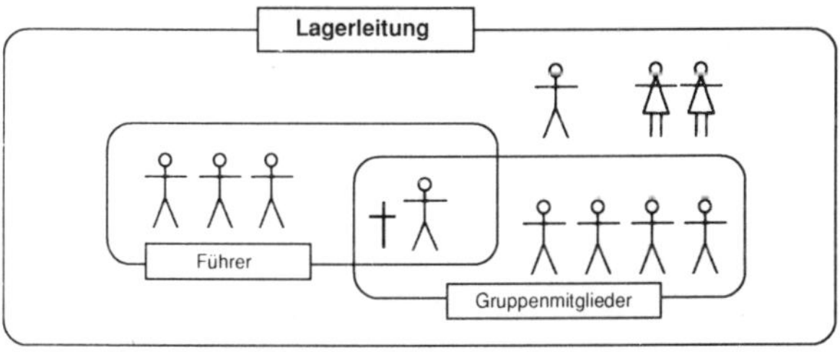

Figur 13: Lagerangehörige

Die gleichen Überlegungen gelten auch für andere Lebensbereiche, wie zum Beispiel den Arbeitsplatz oder die Schule. Arbeitsunfälle geschehen nicht selten. Sie treffen einen Menschen in einer aktiven Arbeitsphase. Der Tod schlägt sehr nahe zu und macht unmißverständlich die eigene Endlichkeit deutlich.

Will man den Bereich der Angehörigen im Sinne von „dazu gehören" ergänzen, so sind auch die Verursacher oder die Beteiligten an Verkehrsunfällen dazuzuzählen. Aus Beispiel 4 weiß ich, daß ein Mitverursacher (ob schuldig oder unschuldig) an einem tödlichen Unfall schwer zu tragen hat. Die polizeilichen und gerichtlichen Untersuchungen wühlen nicht nur auf, sondern bewirken auch, daß der/die Verursacher(in) psychosomatisch zu reagieren beginnt. Schlafstörungen, Migränen („Ich will nichts mehr hören") oder andere Symptome zeigen, wie sehr sie unter der Situation leiden und keinen Ausweg finden. Oft wird erst nach einer Gerichtsverhandlung von strafrechtlicher Schuld befreit. Von der moralischen Schuld jedoch kann sich der Verursacher nur selber befreien. Diesen Weg hat er für sich und meistens auch allein zu gehen. Nicht dazu zu zählen sind jene Unfallverursacher, die oft in jugendlichem Übermut und aus Überschätzung der Technik und der eigenen Kräfte das Leben von andern aufs Spiel setzen.

In allen Mannschaftssportarten hinterlassen Todesfälle nicht selten unersetzliche Verluste. Das vertraute und oftmals fast blinde Stellungsspiel oder die stundenlang eingeübten Angriffsabläufe erfahren nun Lücken, die nicht irgendein anderer Spieler ausfüllen kann, ohne daß die Mannschaft vorher wieder intensiv trainiert. Automatismen werden unterbrochen. Auch in einer Mannschaft spielen natürlich Sympathie und Antipathie eine entscheidende Rolle. Spieler, die sich häufig stritten und anschrieen, werden einander wohl weniger vermissen als jene, die sich still und gezielt auf dem Spielfeld suchten und anspielten. So ist es nicht selten, daß eine Mannschaft durch den Verlust einer Stütze den Anforderungen nicht mehr genügt und in der Tabelle abfällt. Der Schock jedoch trifft nicht nur die Mannschaft als Ganzes. Jeder einzelne Spieler stand in einem bestimmten Verhältnis zum Verstorbenen. Je enger die Beziehungen waren, um so schmerzlicher wird der Verlust empfunden. Gelingen die gewohnten Spielzüge nicht mehr, so steigt die Trauer durch die Erinnerung an frühere Zeiten. Die neue Organisation der Mannschaft durch die Erweiterung mit einem neuen Spieler braucht Zeit und Geduld. Sie wird wieder lernen zusammenzuwachsen.

Ähnliche Verhaltensweisen sind auch an den Arbeitsplätzen ersichtlich. Ein Ausfall durch Tod eines Mitarbeiters kann ganze Produktionszweige ins Stocken geraten lassen. Gewohnte Abläufe in eingespielten Teams sind unterbrochen. Die Lücke muß sofort, also spontan gefüllt werden. Es ist keine Zeit vorhanden, sorgfältige Auswahlverfahren durchzuführen. Die Kaderpositionen werden allerdings nach anderen Kriterien besetzt. Je enger die Pyramide wird, um so mehr Bewerbungen sind vorhanden. Der Sprung in die Chefetagen ist immer verlockend und animiert zu großen Leistungen. Chefsessel sind in der Regel mit „Kronprinzen" garniert. Stirbt ein Chef, so wird seine Arbeit noch in der gleichen Woche von seinem Nachfolger übernommen. Nicht selten ist damit nicht nur diese Ära gelöscht; nach den Trauerzeremonien wird die Akte geschlossen und der „Fall" nur noch über die Versicherung weiterbearbeitet. Das Geschäftsleben geht weiter, unbarmherzig, herzlos. Das „ewige Andenken" ist abgeschlossen.

MERKPUNKT

- Ein Tod, wen es auch immer trifft, löst unterschiedliche extrafamiliäre Betroffenheit aus:
  - Stirbt ein Kind, so . . .
    ... verlieren SchülerInnen einen/e Mitschüler(in).
    ... verlieren Nachbarkinder einen Spielgefährten.
    ... verlieren Jugendgruppen ein Gruppenmitglied.
    ... verlieren verantwortliche GruppenführerInnen, Lagerleiter, Lehrer ein Mitglied ihres Verbandes.
    ... verlieren . . .
  - Stirbt ein Erwachsener, so . . .
    ... verlieren Mitmenschen einen Arbeitskollegen oder Vorgesetzten.
    ... verlieren Mannschaften ein Mitglied ihres Teams.
    ... verlieren Freizeitgruppen ein Mitglied.
    ... verlieren . . .

Diese Auflistung könnte schier endlos weitergeführt werden. Wichtig für diesen Teil scheint mir die Tatsache, daß kein Außenstehender die Intensität der einzelnen Kontakte beurteilen kann. So kommt es vor, daß nach außen scheinbar unverbindliche Beziehungen zu chaotischen Reaktionen führen können.

Beispiel 15: Ein 22jähriger Deltasegler wird zu Grabe getragen. Viele Trauergäste begleiten den Verunglückten zur letzten Ruhe. Am Rande dieser großen

Gruppe weint ein Gleichaltriger für sich allein. Niemand kümmert sich um ihn. Viele aber sehen ihn. Ein Gespräch mit ihm abseits der Trauergesellschaft zeigt, daß es sich um jenen Kollegen handelt, mit dem der Verstorbene Wochenende für Wochenende seine Flüge absolviert hat. Auch am vergangenen Wochenende waren sie gemeinsam gestartet. Noch in der Luft hängend, mußte er tatenlos zusehen, wie sein Deltakollege rund 200 Meter in die Tiefe stürzte. Nur mit Mühe, so schildert er, habe er seinen Vogel noch steuern und sicher landen können.

Abseits oder auch mitten unter den „offiziellen" Trauernden sind Menschen, die in einem ganz besonderen Verhältnis zum Verstorbenen standen. *Die Ausdrucksform ihrer Trauer ist genauso abhängig von der Nähe zum Toten wie jene der intrafamiliären Angehörigen.*

3.3 Die exfamiliären Bezugspersonen

Die große Anzahl Scheidungen und die zunehmende Tendenz zur Wiederverheiratung decken eine ganz neue und nicht unproblematische Seite der Trauerverarbeitung auf. Wenige werden „in Minne" geschieden. Die Regel ist eher, daß die Scheidungen große Wunden hinterlassen, die erst mit den Jahren verwachsen. Die partnerschaftlichen Konflikte werden nach der Scheidung häufig auf der Ebene der Kinder weitergeführt. Statistiken zeigen, daß pro Scheidung im Durchschnitt ein Kind betroffen ist [19]. Jährlich werden also in der Schweiz rund 11.000 bis

12.000 Kinder zu „Scheidungshalbwaisen“. Mit der Scheidung werden die eigentlichen Probleme nicht gelöst. Es entsteht lediglich eine größere Distanz zwischen den Konfliktpartnern. Ein Paar kann sich nur von der Rolle des Partnerseins scheiden lassen. Elternteil werden sie zeit ihres Lebens bleiben. Akzeptieren sie die Scheidung innerlich nicht, so geraten sie mit Sicherheit in Versuchung, bei der Ausübung des Besuchsrechts ihre unverarbeiteten Konflikte über die Kinder auszutragen.

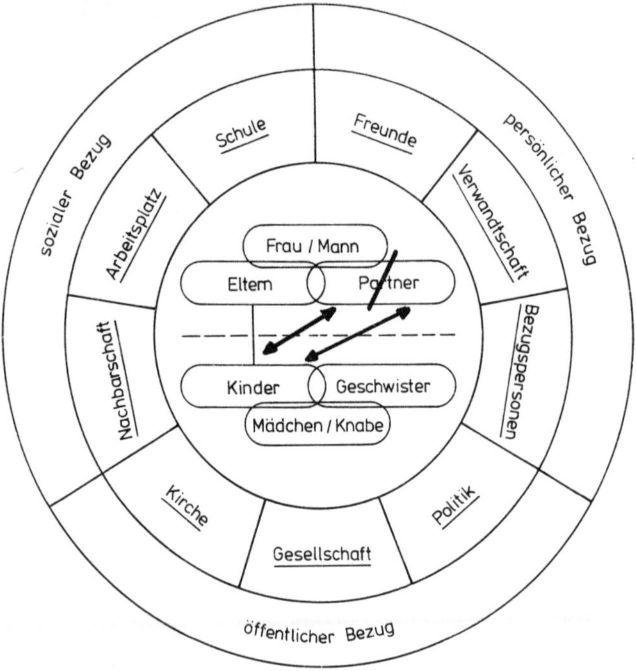

Figur 14: Persönliche Bezüge

In den achtziger Jahren hat die Wiederverheiratung sowohl der geschiedenen Männer wie auch der geschiedenen

Frauen im Vergleich zu den siebziger Jahren um mehr als 40% zugenommen. Heute ist es so, daß jeder vierte Heiratende bereits eine Ehe hinter sich hat. Das Durchschnittsalter lag 1984 bei den Männern bei 41,1 Jahren und bei den Frauen bei 37,1 Jahren, in einer Zeit also, in der die Kinder aus erster Ehe zwischen 10 und 20 Jahre alt sind [20]. Verschwindend klein hingegen ist die Zahl der wiederheiratenden Verwitweten.

Durch die Wiederverheiratung des geschiedenen Elternteils erhalten die Kinder einen Stiefelternteil. Stieffamilien kennen andere Gesetzmäßigkeiten. Sie unterscheiden sich in verschiedenen Punkten deutlich von den organisch gewachsenen Familien und tragen in sich eine geballte Ladung von eigenen Problemen.

Grundsätzlich werden vier Typen von Stieffamilien unterschieden [21]:

— *Stiefmutterfamilie.*

  Nach der Scheidung verbleiben die Kinder beim geschiedenen Vater, der durch seine Wiederverheiratung den Kindern die leibliche Mutter durch eine Stiefmutter ersetzt.

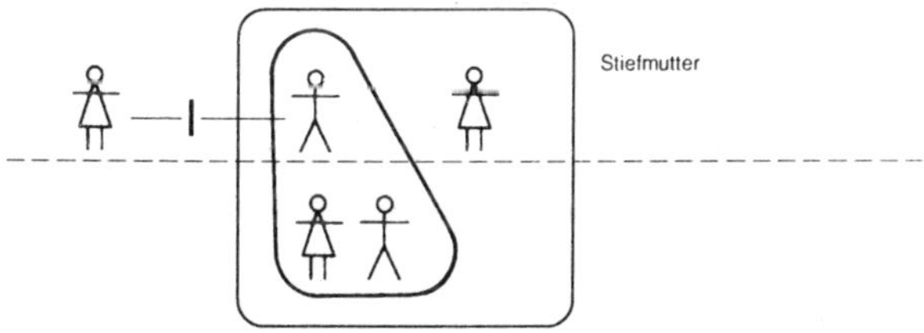

Figur 15: Stiefmutterfamilie

— *Stiefvaterfamilie.*

  Mit über 35% aller Fälle scheint die Stiefvaterfamilie zum neuen Familientypus des 20. Jahrhunderts zu avancieren. Von einer solchen Familie spricht man, wenn ein Mann zu einer Frau mit ihren leiblichen Kindern stößt.

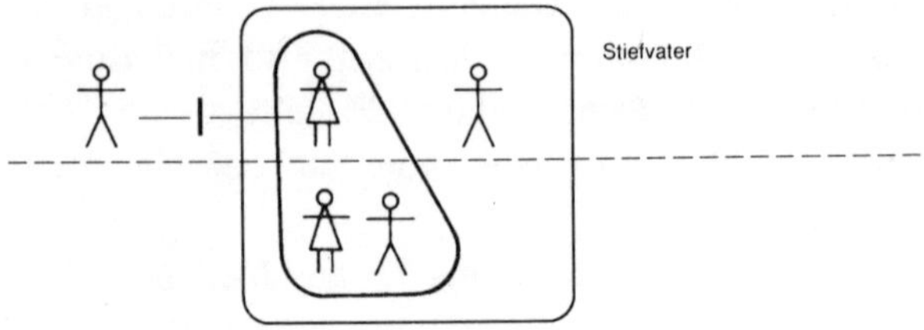

Figur 16: Stiefvaterfamilie

— *Zusammengesetzte Stieffamilien.*
Es wird schon aus der Bezeichnung „zusammengesetzt" ersichtlich, daß zwei Teilfamilien zusammentreffen. Eine Frau mit ihren leiblichen Kindern bildet zusammen mit einem Mann und seinen leiblichen Kindern eine zusammengesetzte Stieffamilie. Deutschen Untersuchungen zufolge trifft dies bei 17% aller Stieffamilien zu. Zwei Teilfamilien mit je eigenen und unterschiedlichen Entwicklungen vereinigen sich. Je ein leiblicher Elternteil steht dabei abseits. Die Kinder werden zu Stiefgeschwistern.

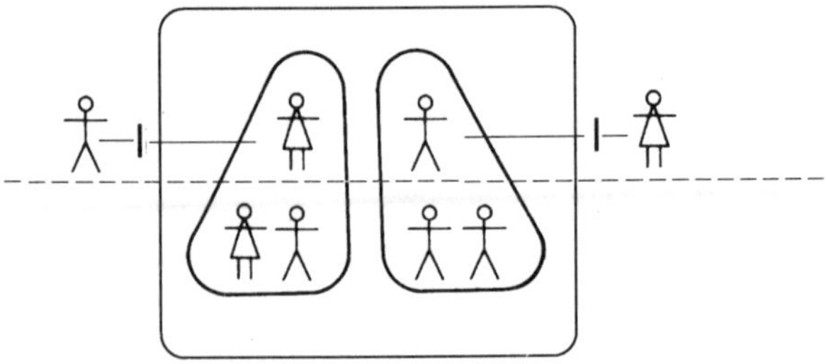

Figur 17: Zusammengesetzte Stieffamilie

— *Stieffamilien mit gemeinsamem(-en) Kind(-ern).*
Diese Form setzt sich aus einem der bereits beschriebenen Muster zusammen. Das neue Paar ergänzt die Stieffamilie mit einem oder mehreren eigenen Kindern. Handelt es sich um eine zusammengesetzte Stieffamilie mit gemeinsamen eigenen Kindern, so werden die Elternteile:
— Mutter oder Vater der mitgebrachten Kinder,
— Mutter oder Vater der gemeinsam gezeugten Kinder,
— Stiefmutter oder Stiefvater der durch den Partner mitgebrachten Kinder.

Für die Kinder sieht die verwandtschaftliche Perspektive nicht weniger kompliziert aus. Sie sind:
— Kinder des leiblichen Elternteils,
— Kinder ihrer Eltern (die gemeinsamen Kinder),
— Stiefkinder.

Die Komplexität dieser Familienmuster wird durch die Existenz eines noch lebenden, aber geschiedenen Elternteils erhöht. Dabei kann es durchaus der Fall sein, daß der geschiedene Elternteil in ähnlich komplexen neuen familiären Strukturen lebt. Stirbt nun ein Familienmitglied, so entstehen daraus zum Teil gravierende Probleme.

Beispiel 16: Mangels Patientenverfügung und Testament ordnete die zweite Frau des verstorbenen, geschiedenen Mannes an, daß seine Leiche nicht aufgebahrt wurde. Die erste Frau mit den aus dieser Ehe stammenden Kindern standen im Leichenhaus vor verschlossenen Toren. Auch auf inständiges Bitten wurde ihnen unter Hinweis auf die gesetzlichen Bestimmungen der Zutritt verwehrt [22].

Beispiel 17: Der zweite Partner der verstorbenen 38jährigen Frau stieß in der Aufbahrungshalle auf den ersten Partner seiner Frau und deren Kinder, die nach der Scheidung beim Vater geblieben waren. Die Frau verließ damals die eheliche Gemeinschaft wegen ihres zweiten Mannes, ihres damaligen Freundes. Bei dieser Begegnung kam es zu verbalen Attacken und üblen Beschimpfungen zwischen den Kindern und dem zweiten Mann ihrer Mutter.

Beispiel 18: Während der Ausübung des vierzehntäglichen Besuchsrechtes verunglückte die alleinige Tochter bei ihrem Vater schwer und starb innerhalb weniger Stunden, noch bevor die leibliche Mutter informiert werden konnte. Die Mutter war während des Sterbens ihrer über alles geliebten Tochter in einem Konzert. Der Vater wartete zu Hause auf Nachrichten aus der Klinik. Die Tochter starb allein.

Solche und viele ähnliche Beispiele müßten nicht beschrieben werden, könnte man wenigstens dem Toten gegenüber die Aversionen und Ressentiments beiseite lassen. Gerade dies ist aber nicht möglich. Das Sterben läßt alte, vor allem unbereinigte Emotionen wach werden. Die Verdrängungsmechanismen versagen. Es bricht auf, was schon lange hätte aufbrechen müssen. Der notwendige Abschied zwischen den Angehörigen und ihrem Sterbenden verlagert sich auf eine Auseinandersetzung zwischen den überlebenden Angehörigen. Diese wenig ergebnisreichen, aber meist vorwurfsvollen und haßerfüllten Diskussionen führen zu keinem Ziel. Vielfach schüren die gezielten Verletzungen die alten Brände und lassen die Tage des Abschieds zu einer Neuauflage der unbewältigten Vergangenheit werden. Es wird nicht abgeschlossen, sondern neu geladen. Widerfahrenes Unrecht wird mit Gleichem vergolten, alles in der irrigen Annahme, daß damit die Konten bereinigt werden könnten.

Beispiel 19: Die Mutter informiert ihre bereits erwachsenen Kinder, daß der geschiedene Vater gestorben sei, und bittet alle, sich in der Aufbahrungshalle einzufinden. Gemeinsam gehen sie in die Aufbahrungszelle, und die Mutter zeigt ihren Kindern „diesen miserablen Charakter, der jetzt ausgeheuchelt hat"; es sei ihm recht ergangen, daß er durch Krebs verreckt sei; nichts als Haß empfinde sie für den, der sie sitzengelassen habe . . . Wortlos verabschiedet sich die jüngste Tochter, die auch nach der Scheidung ihrer Eltern zum Vater gute Beziehungen gepflegt und von ihm Details über die Ehe ihrer Eltern erfahren hatte.

Die Beziehungsstruktur innerhalb der Familie ist immer vielfältig und richtet sich nach bestimmten Kriterien. Erbanlagen, besondere Zuneigungen, Bevorzugungen, aber auch Rückweisungen und Verachtungen bilden letztlich die Koalitionsstrukturen, die für die Entwicklung einer lebendigen Familie hinderlich sein können. Von Koalitionen wird erst dann gesprochen, wenn die Nähe und Distanz der einzelnen Familienmitglieder nicht mehr wechselseitig und sich ablösend gelebt wird. Findet man ein Kind besonders sympathisch oder hat man mit einem der Kinder ein besonders enges Verhältnis, so bevorzugt man es automatisch. Man behandelt es anders, ob man will oder nicht. Die Einstellung zu ihm, die Haltung und Meinung über es wird wohlwollender, zuvorkommender und bevorzugender. Das

Kind gehört nun zu einem Elternteil. Es steht diesem zwangsläufig näher; das heißt, die Distanz zwischen ihm und dem anderen Elternteil ist größer.
Der Tod eines geschiedenen Elternteils deckt gerade diese verborgenen und oft jahrelang unterdrückten Koalitionen auf. Versucht nun eine Mutter, im Leichenhaus ihre riesige Lebensfrustration zu amortisieren, so verletzt sie zwangsläufig andere Mitglieder ihrer Familie, da ihnen die Geschichte der Eltern gleichgültig ist. Die Verletzungen werden so tief sein, daß mit dem Tod des Expartners auch andere Beziehungen in der eigenen Familie sterben. Oft hört man in der Folge von angeblich undankbaren Kindern, die sich nicht um den alleinstehenden Elternteil kümmern. Diese Aussage hat eine Geschichte, welche auf einer Dynamik beruht, die mit der gemeinsam verbrachten Zeit zusammenhängt. Koalitionen sind festgeschweißte Bündnisse, die über den Tod hinaus gelebt werden. Man verkennt leicht deren Kraft. Jene, die einen Bündnispartner verloren haben, haben einen besonders vertrauten Menschen verloren. Ihre Trauer wird im Vergleich zu anderen Familienmitgliedern intensiver sein.
Das Sterben und der Tod eines Familienmitgliedes rütteln viele schlummernde und verdrängte Emotionen auf. Je problematischer die familiäre Auseinandersetzung war, um so schwieriger wird die Begegnung in der Trauer. Loyalitätskonflikte entstehen und führen zu verrückten Situationen.

Beispiel 20: Ein geschiedener und wiederverheirateter Vater wird über den Tod seiner 16jährigen Tochter aus erster Ehe benachrichtigt, mit der er schon einige Zeit „auf Kriegsfuß" lebte. Ihre Besuche führten oft zu heftigen Auseinandersetzungen zwischen ihm und seiner zweiten Frau, welche ihm Inkonsequenz vorwarf. Sie vertrat die Meinung, daß für das seelische Wohlbefinden der Tochter deren Mutter zuständig sei. Die Tochter jedoch suchte den Kontakt zum Vater und erfuhr dauernd diffuse Rückweisungen. Der Unfalltod löste beim Vater tiefe Schuldgefühle aus. Stunden verbrachte er in der Aufbahrungshalle und weinte, machte sich Selbstvorwürfe und bereute die Rückweisungen. Abend für Abend erfuhr er zu Hause massive Vorwürfe, weil er sich derart intensiv mit dem Tod der Tochter beschäftigte. Als ihm seine zweite Frau vorwarf, er hätte die Tochter lieber gehabt als sie, betrank er sich und schlug sie. Seither leben sie voneinander getrennt.

Die „alten" Beziehungsstrukturen belasten immer auch „neue" Verhältnisse. Die Frage ist nur, wie die einzelnen Menschen damit umzugehen vermögen. Obige Reaktionen sind durchaus verständlich und nachfühlbar, auf beiden Seiten. Nur vergißt man, daß einmal gelebte Beziehungen nicht ungeschehen gemacht werden können.

MERKPUNKT

- Durch den Tod werden exfamiliäre Beziehungen auf besondere Weise betroffen:
  - Alte, nicht verheilte Wunden brechen wieder auf.
  - Unterbrochene familiäre Zwistigkeiten können eine Neuauflage erleben.
  - Schuldgefühle werden wieder wach.

3.4 Die beruflichen Bezugspersonen

Eine weitere Gruppe von Angehörigen im Sinne von „dazugehören" bilden jene Personen, die in irgendeiner Form – helfend, pflegend oder gemäß ihrer beruflichen Funktion – dazu zu zählen sind. Diese Liste ist recht breit und umfaßt verschiedene Berufsgruppen. Die Familienangehörigen stellen denn auch ganz bestimmte und in der Regel nicht näher definierte Anforderungen an sie. Die Mitglieder dieser Angehörigengruppe haben immer und jederzeit nett, freundlich, zuvorkommend, hilfsbereit, verständnisvoll, helfend, dienend und einfühlsam zu sein. Die Familienangehörigen haben in ihrem Schmerz beziehungsweise in ihrer physischen und psychischen Grenzsituation wenig Verständnis für die Probleme anderer. Sie ärgern sich über die kleinsten Differenzen oder Unebenheiten und lassen ihrem Ärger meist freien Lauf. Berufliche Bezugspersonen sind Menschen, die im Spannungsfeld zwischen Patienten und Familienangehörigen stehen und eine bestimmte Funktion ausüben. Das können sein:

— *Das Pflegepersonal,* das über eine geraume Zeit durch die Betreuung des Patienten in eine ganz besondere Beziehung zu ihm gelangt. Während der Pflege finden Gespräche statt, bei denen die übrigen Angehörigen meist ausgeschlossen sind. Zwischen dem Pflegepersonal und den Sterbenden können recht enge und herzliche Beziehungen entstehen. Verbringen die Patienten mehr als nur einige wenige Tage in den Kliniken, so wählen sie sofort aus und ziehen bestimmte Personen ins Vertrauen. Ihnen werden Lebensinhalte weitergegeben, über die oft niemand sonst informiert ist. Das Einsalben des Körpers hat für die Patienten streichelnden Charakter. Sie fühlen sich nicht nur frisch, sondern auch wohl. Selten lehnen die Patienten diese funktionalen Streicheleinheiten ab. Im Gegenteil, sie genießen sie, und in dieser Situation reden sie auch oft. Je länger der Klinikaufenthalt wird, um so enger und herzlicher können solche Beziehungen werden. Deutlich sieht man diese Entwicklungen in den Alters- und Pflegeheimen. Das Pflegepersonal ist in der unangenehmen Situation, „sterbende" Beziehungen aufzubauen. Alle Beziehungen, die eingegangen werden, sind Beziehungen auf Zeit und enden mit dem Tod des Heiminsassen. Aus dieser Sicht verwundert mich der rege Personalwechsel in den Alters- und Pflegeheimen keineswegs. Der physischen und psychischen Belastung des Personals wird zuwenig Rechnung getragen. Fehlende Supervision und mangelhafte Möglichkeiten, durch gezielte und stützende Kurse und Seminare die entstandene Trauer zu verarbeiten, führen zu Grenzsituationen, die ein Aussteigen aus der beruflichen Tätigkeit nach sich ziehen können.

— *Die Ärzteschaft,* welche sich in zwei Gruppen unterscheiden läßt: Hausärzte und Klinikärzte. Mit dem zunehmenden Wunsch vieler Patienten, zu Hause sterben zu können, werden die Hausärzte wieder vermehrt mit Sterbenden in direkten Kontakt kommen. Für Klinikärzte (außer in Spezialkliniken wie Augenklinik, orthopädische Chirurgie, Gynäkologie/Geburtshilfe) ist das Sterben eines Patienten nichts Unbekanntes, entspricht nicht selten aber einem medizinischen Versagen, wenn dieser Tod unzeitig, daß heißt nicht im Alter, eintritt. Die Familienangehörigen stellen denn auch enorm hohe Anforderungen an die Medizin. Sie erwarten, daß der Patient gesundet beziehungsweise geheilt wird.

Das Verhältnis zwischen Ärzten und Angehörigen ist oft nicht unproblematisch. Gerade die jüngeren Ärzte tun sich mit ihnen oft schwer. Sie sind den quälenden Fragen nicht gewachsen und verstecken sich hinter den medizinischen Fakten mit einer Sprache, die nur Insider verstehen. Die Unfähigkeit zu helfen und die eigene Betroffenheit werden überdeckt. Angehörigen ist sehr viel geholfen, wenn sie diese Betroffenheit spüren. So, und nur so, anerkennen sie auch die Begrenztheit medizinischen Handelns.

— *Die Seelsorger(innen),* die gerade in diesen schweren Zeiten genauso hilflos und ohnmächtig zusehen müssen, wie das Unabwendbare schmerzlich eintrifft und die Hinterbliebenen seelisch belastet. Von den Seelsorgern erwartet man Trost, Hilfe, Unterstützung und Zuspruch. Sie werden konfrontiert mit der Frage nach dem „Warum" und „Weshalb will das Gott so . . .". Sie haben darauf genauso wenig Antworten wie alle andern. Nur werden von ihnen diese Antworten erwartet. In vielen Fällen stoßen die Seelsorger auch erst zu einem sehr späten Zeitpunkt zu den direkt betroffenen Angehörigen, meistens sogar erst beim eigentlichen Trauergespräch. Dieser Zeitpunkt ist spät – zu spät, will Seelsorge stützende, begleitende und betreuende Funktionen wahrnehmen. Die Spitalseelsorger verrichten hervorragende Dienste in der Begleitung der Patienten. Ihr Wirken ist ganz auf diese Patienten ausgerichtet. Auf die Angehörigen kann aus begreiflichen Gründen (Zeitmangel) zu wenig eingegangen werden. Der Kontakt beschränkt sich oft auf punktuelle und kurze Gespräche, wenn überhaupt. Nach den spärlichen Spitalkontakten verliert sich die Beziehung zwischen den Angehörigen und den Spitalseelsorgern.

Die Angehörigen sind nun wieder auf sich selber gestellt.

— *Das Friedhofpersonal* (Grabmacher/Gärtner, Leichenwagenfahrer, Abwart der Aufbahrungshalle, Ofenwart im Krematorium, Begleitung bei Beisetzungen) übt eine von der Gesellschaft an sie delegierte Arbeit aus. Sie sind das letzte Glied im Bereich der Totenbetreuung. Es ist unglaublich, in welchen Spannungen das Friedhofpersonal zu arbeiten hat. Vielfach sind sie Endstation in einer langen Frustrationsentwicklung. An ihnen werden Gefühle amortisiert, die mit ihnen nichts zu tun haben. Die Anforderungen an sie sind enorm. Kleinste Fehler werden ihnen übelgenommen. Oftmals haben sie auch für die Fehler anderer (Bestattungsbüro, Pathologie usw.) geradezustehen. Als Exponenten sind sie greifbar und Zielscheibe emotional unverarbeiteter Frustrationen. Ihre Arbeit verdiente eine höhere gesellschaftliche und materielle Einstufung. Sie verrichten eine Arbeit, von der sich weite Kreise der Bevölkerung distanzieren, und gleichzeitig werden von ihnen sozial wichtige Fähigkeiten wie verständnisvolle Gesprächsführung usw. verlangt. In ihrer Arbeit werden sie zwangsläufig zu Angehörigen, zu einem wichtigen Bestandteil im System der Hinterbliebenen.

Ich beschränke mich auf einige wenige Angestelltengruppen in der Meinung, daß sich diese Liste noch beträchtlich erweitern ließe: Polizei, Feuerwehr, Rettungssanitäter, Pathologiepfleger, Gerichtsmediziner, Gemeindeschwestern, Zivilstandsbeamte, um nur noch einige zu nennen. Der Grund ihrer Zuordnung zu einer vierten Angehörigengruppe liegt darin, daß sie alle nicht nur in ihrer Funktion arbeiten, sondern dabei auch noch Menschen sind, Menschen mit eigenen Empfindungen. Auch sie verspüren Trauer, Ohnmachtsgefühle und Hilflosigkeiten. Ihre Position zwischen den intrafamiliären Angehörigen und deren Sterbenden oder Gestorbenen läßt sie zum Puffer emotional unkontrollierter Reaktionen werden. Sie haben aufzufangen, was als ungelöste Probleme auf sie zukommt. Oft werden sie wegen einer Kleinigkeit zu Blitzableitern und Sündenböcken degradiert.

Man schießt sich ein auf
— den Seelsorger, der mit einer unbedachten Äußerung die Gefühle der andern verletzt hat;
— den Arzt, der nur den Patienten sah und den Angehörigen die Schwere seiner Erkrankung verharmloste;
— die Krankenschwester, die sich erlaubte, ihren Dienst so zu verrichten, wie er für sie möglich war, und nicht so, wie es die Angehörigen von ihr verlangten;
— den Leichenwagenfahrer, der den kleinen Kindersarg unter den rechten Arm klemmte, um mit der linken Hand die Hecktüre seines Fahrzeugs zu öffnen, anstelle den Sarg auf den Boden zu stellen und ihn sorgfältig in das geöffnete Fahrzeug zu schieben;
— den Bestattungsbeamten, der den Kranz eines Trauergastes für dessen Schwester versehentlich auf ein anderes Grab gelegt hatte, weil beide Verstorbenen Müller hießen und der Vorname fehlte;
— andere Angestellte, die im Räderwerk der modernen Sterbe- und Totenkultur den hohen Anforderungen in irgendeiner Weise nicht genügen.

Viel Zündstoff liegt in den unverarbeiteten Problemen zwischen den Angehörigen und ihren Verstorbenen, die zwar kaum etwas mit den Angestellten zu tun haben, aber an ihnen und mit ihnen ausgetragen werden.

Mir ist bewußt, daß ich ausschließlich von den als negativ erlebten Beispielen ausgegangen bin. Ich kenne durchaus viele gute und konstruktive Begegnungen. Sie sind Zeichen dafür, daß es auch noch andere als nur negative Erlebnisse gibt.

4. Die Entwicklung des Sterbeprozesses

Abgesehen von außergewöhnlichen Todesfällen wie solchen durch Unfall, Suizid und Verbrechen, die plötzlich und ohne sichtbare Entwicklung eintreten, gibt es drei Phasen, die ich in der Folge unterscheiden möchte:

— Phase vor dem Sterben
— Phase während des Sterbens
— Phase nach dem Tod.

Diese drei Begriffe lassen die Entwicklung des Sterbeprozesses eines nahen Angehörigen und seine Interaktion zu seinen Verwandten genauer untersuchen. Sie ermöglichen eine detailliertere Beschreibung der unterschiedlichen Vorgänge und der ebenso unterschiedlichen Empfindungswelt. Wichtig ist, daß die jeweils nachfolgenden Überlegungen immer im Kontext der vorgängig behandelten Themen erfolgen. Das bedeutet: Die Interaktion ist abhängig von der Beziehungsstruktur, in der sich der Sterbende bewegt hat. Weniger von Bedeutung ist die Quantität als vielmehr die Qualität seiner Beziehungen. Hier erlebe ich auch grundlegende Unterschiede im Verhalten zwischen Frauen und Männern.

Frauen neigen eher dazu, sorgfältig ausgewählte Bezugspersonen in ihr Vertrauen zu ziehen. Dabei entdecke ich häufig, daß dies nicht irgendeinem Zufall überlassen bleibt. Vertrauenspersonen werden gezielt und bewußt gewählt, je nachdem, wo das Defizit der Patientin liegt. Hat sie Bedürfnisse, jemanden für sich ganz allein zu haben, so wird sie auch eine entsprechende Bezugsperson suchen und finden, die ihr in ihrer Situation am meisten helfen kann. Zudem haben Frauen den Vorteil, daß sie eher über sie belastende Dinge reden. Sie tauschen aus, erzählen einander, suchen neue Wege und probieren sie auch aus.

Das kommunikative Verhalten der Männer unterscheidet sich davon grundlegend. Nur wenige von ihnen unterhalten echte und tiefe freundschaftliche Beziehungen zu anderen Männern. Ihr Kommunikationsstil bleibt recht oberflächlich – wohl kollegial, aber nicht zu nahetretend. Sie kompensieren lieber mit Sport, Alkohol oder Arbeit oder lassen die belastenden Gedanken im eigenen Kopf kreisen – oft endlos. Die Diskrepanz dieser Verhaltensweisen zeigt sich in der Entwicklung des Sterbeprozesses besonders tragisch, weil sie, verstärkt durch die Not, noch intensiver gelebt werden. Mehr vom Gleichen gilt als Losung. Egal, ob der Mann Patient oder Angehöriger ist, er verschweigt häufig seine Gefühle und behält sie für sich. Er will sich keine Schwäche oder Blöße geben.

Hinzu kommt, daß in der Regel die sozialen Vernetzungen über die Frauen realisiert werden. Der gesamte private Sozialkontakt wird meistens von den Frauen organisiert. Männer äußern bestenfalls Wünsche, bleiben aber inaktiv. Erkrankt nun eine Frau, so reduziert sich der Sozialkontakt zwangsläufig; das heißt, auch die sozialen Vernetzungen erkranken. Die Hilflosigkeit der Männer kennt oft keine Grenzen. Nur mühsam beginnen sie sich neu zu orientieren und eigene Beziehungen nach außen aufzubauen – wenn überhaupt.

Grundsätzlich verändern sich die Beziehungsstrukturen. Nicht selten wechseln auch die Freunde. In guten oder gesunden Zeiten kennt man zahlreiche Freunde. In kranken oder schwierigen Zeiten trennt sich oft die Spreu vom Weizen. Solche, die sich als Freunde bezeichnet haben, zeigen sich nicht mehr, ziehen sich zurück und lassen die Freundschaft in Vergessenheit geraten. Geschieht das, weil sie nicht wissen, wie sie mit den Angehörigen umzugehen haben, oder fehlt das Interesse, sich mit einem Thema zu belasten, dem sie sich nicht gewachsen glauben? Trauernde bestätigen, daß sich ihre Beziehungen verändert haben. Gleichgesinnte werden angezogen, also Kontakte zu Menschen in ähnlichen Lebenssituationen geknüpft. Aber nicht nur! Es bleibt ein Kern von Freunden, welche durch alle Not und alles Leid hindurch tragen und treu zu dieser Freundschaft stehen. Solche Beziehungen sind unverlierbar. Sie schweißen aneinander und verbünden. Sie sind letztlich jene tragfähigen und hilfreichen Beziehungen, auf die Trauernde angewiesen sind, wollen sie in der heutigen Zeit mit ihrer Trauer überleben. Die Entwicklung des Sterbeprozesses mit seinen Phasen erfordert für alle Beteiligten enorm viel Zeit.

4.1 Die Phase vor dem Sterben

In den meisten Fällen dauert die Phase vor dem Sterben eine gewisse, nicht klar festlegbare Zeit. Sie ist von Patient zu Patient verschieden, selbst wenn die Krankheit dieselbe ist und gleich verläuft. Wohl kann man von Stadien ausgehen, die jeder einzelne Patient durchmacht; die Intensität seiner Empfindungen und die Art seiner Auseinandersetzung mit der Krankheit und dem Sterben bleiben indes individuell und richten sich sehr nach Kriterien, die objektiv nicht erfaßbar sind. Der Wille zu leben kann zu einem Kampf führen, der das Sterben weit über alle Diagnosen

hinaus verlängern kann. Bei meinen Patienten habe ich häufig auch festgestellt, daß erst die Erledigung einer unbereinigten Angelegenheit zur Annahme des eigenen Sterbens geführt hat. So hatte eine krebskranke Frau sechs Monate lang verbissen gegen den Tod gekämpft, bis die familiäre Auseinandersetzung ihr die Gewißheit brachte, daß ihre beiden Kinder (12- und 14jährig) nach ihrem Tod nicht zum geschiedenen Mann, sondern gemeinsam an einen für sie akzeptablen Pflegeplatz kamen. Die therapeutische Hilfestellung machte letztlich eine Lösung möglich, für die sich dieser verzweifelte Kampf gelohnt hatte.
In verschiedenen Publikationen, speziell in jenen von Elisabeth Kübler-Ross [23], werden Phasen in der Entwicklung des Patienten beschrieben. In meinen Überlegungen lege ich weniger Wert auf die intrapsychische Auseinandersetzung des Kranken. Die zu diesem Thema vorhandenen Veröffentlichungen reichen aus. Ich sehe das Sterben eines Patienten viel mehr in seiner Interaktion mit seiner Umwelt. Ich bin davon überzeugt, daß die Entwicklung der individuellen Erlebnisweisen stark von dieser Interaktion abhängt. Es stirbt keiner nach einem bestimmten Phasenmodell – es stirbt jeder seinen eigenen Tod. In dieser Wahrheit liegt eine besondere Chance. Die Auseinandersetzung zwischen Sterbendem und Angehörigen ist denn auch die Problematik, die es aufzunehmen gilt. Selbstverständlich ist es wichtig, verstehen zu lernen, was Sterbende sagen wollen [24]. Diese verschlüsselte Sprache, die nur durch genaues Hinhören und Übersetzen verstehbar wird, hilft uns, die momentane Situation des Patienten zu erfassen. Daraus lassen sich viele Informationen herausfiltrieren: Problemstellung, Art seiner Lösungsversuche, seine gemachten Schritte, seine zukünftigen Stationen, sein Zeitbedarf, seine Wünsche und Bedürfnisse. Diese Sprache er-

fordert sensibelstes Einfühlungsvermögen und ist oft selbst für professionelle Sterbebegleiter nicht immer verständlich, wenn sie den sozialen Rahmen und die intrafamiliäre Situation des Patienten nicht kennen. Seine verschlüsselte Ausdrucksweise ermöglicht es ihm, nur mit jenen zu kommunizieren, von denen er sich wirklich verstanden fühlt, weil sie tatsächlich dazu in der Lage sind. Seine Sprache wird zur Selektion im letzten Beziehungsnetz. In vielen Gesprächen mit sterbenden Patienten höre ich immer wieder heraus, wie überlegen sie oft sind. Sie wissen genau, mit wem sie auf welche Art zu kommunizieren haben. Ein 58jähriger Mann sagte mir trocken und emotionslos, daß „heute wieder der mit der ewigen Hoffnung hier war".

Es stimmt mich traurig, wie die menschliche Kommunikation in Zeiten der Gesundheit mißhandelt wird. Zänkereien, Streitereien, Machtkämpfe und vieles mehr verhindern eine offene Verständigung. Nahe sein in schwerer Zeit ist sehr abhängig vom Gefühl des „Naheseins in guten Zeiten". Die vielen Scheidungen (ein Drittel der geschlossenen Ehen) und die vielen Beziehungen, die nicht geschieden werden, in sich jedoch zerstritten oder zermürbend sind, lassen darauf schließen, daß für viele Menschen das Instrument der Sprache zu einem lebenskritischen Instrument geworden ist. Wie viele fühlen sich zu zweit allein und unverstanden, sind einsam und wortlos geworden? Wie viele sterben wohl genauso, wie sie gelebt haben? Mich bedrückt die Kommunikationsarmut in gesunden Zeiten, die sich in schweren Zeiten ebenso erbärmlich präsentiert.

Dabei gäbe es genügend Möglichkeiten, im Verlauf einer Krankheit jene Stationen aufzuarbeiten, die bis anhin unbereinigt liegengeblieben sind und dem Patienten das Sterben und den direkten Angehörigen die Trauer erschweren werden. Bei meinen Untersuchungen habe ich vier Stationen ausfindig gemacht, die zwischen den Patienten und den Angehörigen von Bedeutung sind.

4.1.1 Die Ungewißheit

Wir alle nehmen in uns Empfindungen wahr, die wir zunächst nicht zuordnen können. Wir spüren, daß in unserem Körper „etwas los ist". Erste, meist bange Gedanken werden sofort wieder in den Wind geschlagen. Man bezeichnet sich als ängstlich und lebt unbesorgt weiter, bis die Zeichen erneut spürbar werden. Man horcht wiederum in sich hinein, registriert, daß etwas nicht so ist wie sonst, steckt es wieder weg, erinnert sich dabei aber daran, daß ähnliche Empfindungen schon einmal dagewesen sind. Man beginnt sich mit sich selber zu befassen. Ängste werden wach. Diese ersten Wahrnehmungen macht der Patient für sich allein, in der Regel ohne Teilnahme seiner Angehörigen. Er möchte sie nicht verunsichern oder ihnen nicht unnötig Angst einjagen. In ihm jedoch beginnt sich eine Unruhe spürbar zu machen. Die beiseite geschobenen Gedanken kommen immer wieder, werden zunehmend stärker und beginnen massiv zu beunruhigen.

Unsicherheit macht sich breit. Gleichzeitig wird auch die Furcht vor einer möglicherweise schlimmen Diagnose sichtbar, verursacht von der inneren Unsicherheit. In der Gedankenwelt kreisen nun viele Bilder, die mit Krankheit, Sterben und Tod zu tun haben. Diese allererste Auseinandersetzung macht der Patient für sich allein. Die Angehörigen haben oft überhaupt keine Ahnung davon. Der Patient will sich nicht bloßstellen und als übertrieben ängstlich angesehen werden, falls seine unsicheren Befürchtungen nicht stimmen könnten. Seine Angst vor der Diagnose läßt ihn abwarten. Er verscheucht wiederum alle diffusen Gedanken und wendet sich seinem alltäglichen Lebensablauf zu. Selbstvorwürfe werden hörbar. „Wäre ich doch nur . . .“ oder „Hätte ich damals, dann müßte ich . . .“ und ähnliche Gedanken beginnt er sich zu machen.

Beispiel 21: Ein 38jähriger Jurist bereist Afrika, macht Station in Nigeria und läßt sich auf ein Abenteuer mit zwei afrikanischen Prostituierten ein. Er vollzieht den Geschlechtsverkehr wider allen besseren Wissens ohne Kondome. Zu Hause nun beginnt er sich wochenlang mit dem Gedanken zu quälen, er könnte HIV-positiv sein. Die Zeit bis zum Test (drei Monate nach dem Risikokontakt) ist für ihn die Hölle. Selbstvorwürfe, Verlust der Sicherheit und die Angst vor der Diagnose lassen ihn nächtelang wach bleiben. Seine Frau spürt von dieser Auseinandersetzung wenig. Sie hat mit sich selber und der bevorstehenden Geburt ihres dritten Kindes genug zu tun.

Beispiel 22: Beim Betasten ihrer Brust spürt eine 50jährige Frau Verhärtungen in Form von stecknadelkopfgroßen Knoten. Wochenlang betastet sie sorgfältig ihre Brust und sucht diese Verhärtungen jeden Morgen. Brustkrebs – denkt sie! Ihr Mann weiß nichts von diesen Gedanken. Sie spricht mit ihm auch nicht darüber. Nach einiger Zeit meldet sie sich beim Arzt an. Das Gespräch vor dem Arztbesuch läßt eine tiefe Angst erkennen. Eine Angst, es könnte sich bewahrheiten, was sie befürchtet.

In einer guten partnerschaftlichen und familiären Beziehung wird man eher über solche diffusen Beobachtungen reden. Trotzdem bleiben viele, vor allem ängstliche Gedanken auch in besten Beziehungen verborgen. Damit wahrt man sich eine ganz besondere Intimität und will auf keinen Fall unnötige Verlustängste und Unsicherheiten auslösen. Die Angehörigen sollen es erfahren, wenn die Diagnose feststeht. Man spielt die eigene Angst herunter.
In jenen Beziehungen, in denen es möglich ist, ohne chaotische Reaktion der Angehörigen über die innere Beunruhigung zu sprechen, wird ein solches Gespräch dann gesucht, wenn man sich zu einem Untersuchungstermin beim Arzt entschlossen hat. Die gemachte Beobachtung und die damit verbundenen Ängste können jetzt offenbart werden. Der Partnerteil beginnt mitzutragen. Er erhält die Chance, möglichst früh dabeizusein und den andern zu stützen. Die Distanz zwischen Patient und Angehörigen verringert sich.

4.1.2 Die Gewißheit

Die Entscheidung, den Arzt aufzusuchen, leitet eine weitere Station in der Entwicklung des Patienten ein. Bei den ersten Untersuchungen können zunächst nur Vermutungen geäußert werden. Es läßt sich relativ einfach diagnostizieren, ob die Erkrankungen mehr psychosomatischer Natur sind oder ob sie eine noch ernsthaftere Bedrohung darstellen. Weitere Abklärungen und teils aufwendige Untersuchungen werden nötig, falls sich die Befürchtungen nicht ausschalten lassen. Die Zeitspanne zwischen erster Untersuchung und den weiteren Abklärungen wird für den Patienten mühsam, lebt er jetzt doch in einer isolierten Situation. Er weiß nicht, ob er wirklich krank ist oder nicht. Zudem kann er Reaktionen zeigen, die ihm selbst bisher völlig fremd sind. So kommt es vor, daß ein guter Schläfer plötzlich an Schlafstörungen leidet, die mit der Eröffnung der Diagnose sogleich wieder verschwinden können.

Die erste Reaktion des Patienten ist immer schockhaft und führt zu einer tiefen Trauer. Diese Veränderungen bleiben der Umgebung nicht verborgen. Die Angehörigen sehen nun, daß sich der Patient mit etwas befaßt, was ihn nicht mehr losläßt. Sie nehmen seine psychische Veränderung wahr, haben aber Mühe, sie zu verstehen. Oft ist er gereizt, mag nichts ertragen und reagiert auf die Umgebung aggressiv. Die Angehörigen gehen ihm aus dem Weg; das heißt, man will ihn nicht noch mehr belasten. Kinder sind in dieser Situation oft sehr zuvorkommend, helfen freiwillig im Haushalt oder unternehmen alles, damit sich der betroffene Elternteil nicht unnötig ärgern muß. Sie spüren aber, daß etwas nicht stimmt.

Mit der Diagnose beginnt (nach außen) die Gewißheit, an einer unheilbaren oder nur schwer heilbaren Krankheit zu leiden. Die Diagnose bringt auch eine Bestätigung der durchgemachten Ängste. Jetzt ist es so – ich bin krank! Dies ist auch der Zeitpunkt, an dem erste konkrete Informationen nach außen dringen. Schon früh jedoch zeigt sich eine große und unüberbrückbare Diskrepanz zwischen den Empfindungen des Patienten und denjenigen der Angehörigen. Der Patient ist mit seinem Erleben immer voraus. Die Angehörigen können in ihrem Verhalten darauf nur reagieren. Dieser Zwiespalt macht es allen auch so schwer. In einigen Bereichen freilich gelingt auch eine Gleichzeitigkeit. Nach der Diagnose stellt sich erst einmal die Frage nach der Aktivierung von Hilfsmöglichkeiten. Die traditionelle Medizin wird mit der Homöopathie ergänzt. Literatur wird gesucht. Bücher werden angeschafft, die die Krankheit und deren Verlauf beschreiben und auf kritische Stadien aufmerksam machen. Alle möglichen und unmöglichen (Geistheilung usw.) Hilfsangebote werden überprüft und ausprobiert. Es entsteht eine zum Teil recht hektische Heilaktivität. Die Handlungen richten sich nach außen. Man hört von Spontanheilungen, von Wundern und hofft natürlich, daß diese phantastischen Ereignisse nicht nur Fremde betreffen. Hoffnung macht sich breit. Steigt die Hoffnung des Patienten, so reagieren seine Angehörigen prompt mit ebenso großen und zum Teil auch utopischen Hoffnungen. Mit ihnen wird das Unfaßbare abzuwenden versucht, verdrängt. Es entsteht wieder eine Zeit der Heiterkeit, die die bodenlose Hilflosigkeit zu überdecken vermag. Die Angehörigen beginnen, die Stimmungen des Patienten sorgfältig zu beobachten. Sie freuen sich mit ihm, wenn es ihm gut geht, und sie ziehen sich zurück, wenn es ihm schlecht geht. Sie wissen nicht, wie sie auf ihn eingehen können. So reduzieren sie ihr Verhaltensmuster darauf, ihn zu unterstützen, wenn er wieder hoffnungsvoll in die Zukunft blickt. Schleichend macht sich aber beim Patienten eine Hilflosigkeit breit, mit der er meistens still und für sich allein lebt.

Emotional schwankt der Patient zwischen Hoffnung und Verdrängung hin und her. Die Erfahrungen mit den Möglichkeiten einer Hilfe ernüchtern ihn. Vorbereitungen für die Chemotherapien, die Bestrahlungsdosen und deren Anzahl sowie die ernsten Gesichtszüge des Arztes lassen ihn Unheilvolles erahnen. Er wird schmerzempfindlicher. Mit jedem neuen Schmerz steigt seine Angst. Seine Ambivalenz bleibt auch den Angehörigen nicht verborgen. Da er jedoch noch in allen Handlungen funktionsfähig ist, wird die krankheitsbedingte Einschränkung nicht recht wahrge-

nommen. Hinzu kommt ein Zweckoptimismus, der von der bedrohlichen Situation ablenken soll. Langfristige Pläne werden geschmiedet. Die Zukunft soll beeinflußt werden.
Für die Angehörigen sieht die emotionale Voraussetzung anders aus. Sie beschäftigen sich nur zeitweise mit der unsichtbaren Krankheit, dann nämlich, wenn der Patient davon spricht. Dann wird sie wieder sichtbar. Spricht der Patient nicht darüber, vergißt die Umgebung häufig, daß eine bedrohliche Krankheit wie ein Damoklesschwert über der Familie lastet.

<u>Beispiel 23:</u> Ein 60jähriger Kaufmann beklagt Schmerzen im Steißbein. Die Untersuchung hat die Diagnose Krebs mit Verdacht auf Bildung von Metastasen ergeben. Vor fünfzehn Jahren schon wurde ihm eine Niere operativ entfernt. Der Nierenkrebs wurde besiegt. Mit dem gleichen Optimismus steht er zu den jetzigen Schmerzen. Er äußert immer wieder, daß er bereits fünfzehn geschenkte Jahre leben konnte und hoffe, weitere Jahre erleben zu können. Er empfindet die Schmerzen als erträglich und läßt alle Therapieformen zu. Besorgte Gesichter in seiner Umgebung beruhigt er und ermuntert, die Hoffnung nie aufzugeben. Drei Monate später muß er ins Krankenhaus eingeliefert werden. Er verläßt es nicht mehr. Die Angehörigen waren bis zum Zeitpunkt der Einlieferung guten Mutes und nahmen die Zeichen einer möglichen ernsthaften Erkrankung nicht wahr. Sie machten mit im verhängnisvollen Spiel des Zweckoptimismus. Zwischen ihnen und dem Kranken öffnete sich indes eine Kluft, die während der Hospitalisation nicht mehr überbrückt werden konnte. Im Gegenteil. Die optimistischen

Verhaltensweisen verstärkten sich, und die Hoffnungen auf baldige Entlassung aus der Klinik waren Dauergespräch.

Natürlich darf man Hoffnungen nicht zerstören. Die Gewißheit einer unheilbaren Erkrankung läßt diese Hoffnungen aber in einem realistischeren Licht erscheinen. Wäre es nicht unsere Aufgabe, unsere eigenen Empfindungen ernst zu nehmen und sie auszusprechen? Weshalb reden wir trotz aller Hoffnung nicht von unseren Sorgen um den Patienten? Was ist es, was uns bedrückt? Ist es die Tragweite der Erkrankung oder der Versuch des Patienten, sich nach außen nicht damit auseinanderzusetzen? Erst wenn wir den Mut finden, zu unseren eigenen Empfindungen zu stehen, sie zuzulassen und sie dem Kranken gegenüber auch zu äußern, werden wir für ihn zu einem Gesprächspartner, auf den er sich verlassen kann. Machen wir mit im Muster seiner Verdrängungsmechanismen, so signalisieren wir ihm, daß wir uns mit ihm nicht über seine bedrohliche Situation unterhalten möchten.

4.1.3 Die Auseinandersetzung

Die dritte Station auf dem Weg zum Tod bildet die Zeit, in der sich der Patient aktiv mit sich und seiner Situation auseinandersetzt. Dabei ist gar nicht so wichtig zu wissen, ob dieser Prozeß für Außenstehende sichtbar abläuft oder nicht. Jeder Betroffene braucht seine Zeit der Auseinandersetzung; das heißt, daß er in dieser Zeit (getragen von inneren Stimmungen) sehr gegensätzliche Pole erfährt, die ihm zu schaffen machen. Auch hier wird es Stunden, gar Tage oder Wochen geben, in denen sich der Kranke ruhig verhalten kann. Seine Aktivitäten werden sich jedoch zwischen Auflehnung seiner Krankheit und den Gesunden gegenüber bis hin zu Resignation oder totaler Ohnmacht bewegen. Und wiederum beginnt für die direkten Angehörigen eine Etappe, welche die Beziehung zum Patienten erschwert. Die Wechselseitigkeit der Gefühle kennt keine Gesetzmäßigkeit. Die Stimmungsschwankungen sind unberechenbar und für Außenstehende nicht nachzuvollziehen. Die Angst vor dem Sterben läßt den Patienten aggressiv gegen all jene werden, die „keine Ahnung von dieser entsetzlichen Vorstellung“ haben. Aggressionen entwickelt er aber auch gegen alles und jedes, was seine Mobilität zu beeinträchtigen scheint. Er beginnt zunehmend zu erkennen, daß er immobil und auf andere angewiesen sein wird. Eigenständige und unabhängige Persönlichkeiten werden sich damit sehr schwertun. Sie werden nur mit Mühe Hilfe annehmen können. Sie werden eher versuchen, solange allein zurechtzukommen, wie es nur irgendwie geht. Ein physischer Einbruch bewirkt nicht selten auch einen psychischen Einbruch.

<u>Beispiel 24:</u> Eine 43jährige Frau „wuchtet“ sich mit größter Mühe aus dem Bett, um den in seiner vollen Blüte stehenden Strauch im Garten sehen zu können. Sie erfreut sich an dem Anblick und der farbigen Pracht. Sie sieht draußen den erwachenden Frühling, sinkt aber erschöpft ins Bett zurück und spürt ihren eigenen nahenden Winter in sich. Als sie von der Hauspflegerin auf den Frühling angesprochen wird, verleugnet sie sich und reagiert sehr aggressiv: „Sie sollen hier die Arbeit verrichten. Sie können nachher den Frühling bewundern.“ Konsterniert zieht sich die Hauspflegerin zurück. Sie erkennt nicht, daß sich

diese Aggressionen nicht gegen sie als Person, sondern gegen die eigene Unfähigkeit richten, diesen wunderbaren Anblick zu genießen. Die Kritiken der Patientin allen Besuchern gegenüber und deren Rückzug von ihr führten zu einem äußerst problematischen Zustand. Die Patientin verletzte alle, die ihr halfen, obwohl sie es eigentlich nicht wollte. Die Helfenden waren bestürzt. Niemand war bereit, auf diese Aggressionen einzugehen.

Mit wem soll ein Kranker streiten können? Das Hadern mit dem eigenen Schicksal kann auf Dauer nicht nur intrapsychisch erfolgen. Es sind Gesprächspartner notwendig, die sich dieser Herausforderung stellen. Nun ist es natürlich so, daß die Angehörigen in der Regel schon längere Zeit in einem physischen wie auch psychischen Notstand leben, zum Teil sogar nur noch vegetieren. Ihre Kräfte sind genauso begrenzt wie jene des Patienten. Der Wunsch nach einem harmonischen Verlauf der Auseinandersetzung ist deshalb auch mehr als verständlich. Und gerade dieser Wunsch wird mit Sicherheit nicht erfüllt, denn diese dritte Station macht es unmöglich, in Harmonie leben zu können. Im Verhältnis zwischen Patient und Angehörigen ist diese dritte Station von besonderer Bedeutung. Mit dem Aufbrechen der Emotionen beim Kranken brechen auch viele unbereinigte Dinge in dessen Leben auf. Sein aggressives Verhalten ist oft mit diesen Erlebnissen gekoppelt. Er sieht jetzt auch eigene Handlungen, die er als schlecht beurteilt. Erinnerungen an frühere Zeiten werden wach. Konflikthafte Situationen oder eigene Fehlleistungen machen ihm zu schaffen. Er wird einen Weg suchen, sich von diesen unbewältigten Angelegenheiten zu befreien. Er will etwas bereinigen, was ihm sehr Mühe macht.

Beispiel 25: Eine 34jährige, an Darmkrebs im Endstadium leidende Frau (in der Schweiz wohnhafte Australierin) möchte in ihre Heimat zurück. Aus medizinisehen Gründen läßt sich ein derart langer Flug auf keinen Fall rechtfertigen. Die Reise ist zu beschwerlich und strapaziös. Voreilige Betreuer interpretierten die Aussage der Kranken als Sterbewunsch (Ankündigung einer eigenen langen Reise). Sie aber fühlte sich überhaupt nicht verstanden und reagierte äußerst aggressiv und verletzt. Ich versuchte, mit ihr diese Reise vorzubereiten. Wir sprachen gemeinsam über ihre Durchführbarkeit und vor allem darüber, was sie in Australien noch alles machen möchte. Es zeigte sich bald, daß sie noch einmal zu ihren Eltern wollte, um sich von ihnen zu verabschieden. Dieser Wunsch konnte sofort erfüllt werden. Ein Telefonat nach Australien bewirkte, daß ihre Eltern unverzüglich in die Schweiz reisten. Die Patientin kann jetzt mit ihren Eltern alles Notwendige bereinigen. Für diesen Prozeß benötigt sie auch keine Unterstützung mehr. Sie erklärt mir, daß sie mit mir wieder Kontakt aufnehmen werde, wenn ihre Eltern nach Australien zurückgereist seien.

Die nach außen gerichteten Aggressionen erscheinen mir wie verschlüsselte Hilferufe. Sie zu entschlüsseln ist wahrlich nicht einfach. In der adäquaten Begegnung und Auseinandersetzung mit dem Kranken liegt indes eine Chance, die häufig nicht wahrgenommen wird. Ich begreife die Angehörigen, die mit ihrer eigenen Erschöpfung kämpfen und kaum mehr Zeit haben, sich selber zu regenerieren. Um so wichtiger ist es, daß bei dieser Station im Leben des sterbenden Patienten Außenstehende alle Kräfte auf die Angehörigen konzentrieren. Es darf nicht darum gehen, ihnen ihre beschwerliche und mühsame Arbeit abzunehmen. Sterbebegleitung ist Mode geworden. In vielen Kursen werden Freiwillige ausgebildet. Sterbebegleitung ist dort sinnvoll und angezeigt, wo Sterbende allein sind, sich also die Angehörigen nicht um sie kümmern. In vielen anderen Fällen – es dürfte die Mehrzahl sein – müssen wir lernen, Angehörige zu stützen und begleiten, damit sie ihre Sterbenden betreuen können. Für den Kranken ist der Prozeß mit seinem Tod zu Ende, für die Angehörigen aber nicht. Danach beginnt oft eine endlos schmerzliche Zeit der Trauer, in der man sich an vieles erinnert, das unbereinigt geblieben ist. Nun wird man diese Dinge nicht mehr bewältigen können, wenn der Patient gestorben ist. Dessen Auseinandersetzung mit sich selber und seinen Angehörigen würde eine Klärung ermöglichen. Diese Chance sollte genutzt werden.

Beispiel 26: Die 43jährige, an Brustkrebs erkrankte Frau (siehe Beispiel 24) sprach mehrmals davon, daß ihr der jüngste Sohn (11jährig) große Sorgen bereite. Alle Beteuerungen, daß er bei Vater und Schwester (16jährig) gut aufgehoben sei, nützten nichts. Immer wieder sagte sie, er wisse nicht, daß sie sterben müsse. Ich konnte es selber kaum glauben, nahm aber ihr Anliegen ernst und besprach mit ihr, wie wir es dem Jungen am ehesten erklären könnten. Sie wollte unbedingt, daß ich dieses Gespräch mit ihm und seiner Schwester führe. Wir (sie, ihr Mann und ich) einigten uns, es am nächsten Abend in die Wege zu leiten. Wir saßen im Wohnzimmer, die Frau lag im elterlichen Schlafzimmer im ersten Stock. Das

Gespräch war zutiefst erschütternd. Der Junge hatte wirklich keine Ahnung vom nahen Tod seiner Mutter. Er sah sie schon einige Male schwerkrank und im Bett liegend, sie kam aber jedesmal wieder auf die Beine. So hoffte er auch jetzt wieder. Mehrmals fragte er zurück, ob dies nun endgültig sei, und stürzte in eine tiefe Trauer. Am Schluß des Gesprächs begaben wir uns alle zur Kranken, versammelten uns um ihr Bett und blieben eine Zeit in stiller Trauer beisammen. Die Mutter sagte nur kurz: „So, jetzt wißt ihr es alle!"
Von da an begann die Sterbebegleitung durch die Familienmitglieder. Dieser bewußtmachende Schritt wurde nötig, um sich offen und ehrlich begegnen zu können. Die bevorstehenden Ostertage wurden für diese Familie trotz sterbender Mutter zu einer Art Auferstehung. Bereinigende Gespräche, Um-Verzeihung-Bitten für begangene Fehler, die Neuorientierung sowohl der Angehörigen wie auch der Patientin und das Von-einander-Abschiednehmen führten zu einem wirklichen Loslassen.

Ich kann nur mit Nachdruck betonen, daß die Station der Auseinandersetzung nicht nur ein Problem des Patienten ist, sondern zum Problem zwischen Patient und Angehörigen wächst.
Wie unverständlich die Reaktion der Angehörigen und der Betreuer sein kann, soll nächstes Beispiel zeigen:

Beispiel 27: Ein 70jähriger Mann, an Prostatakrebs erkrankt, wird mit starken Schmerzmitteln behandelt. Zwischendurch, in seinen Wachphasen, berichtet er von den erlebten Träumen. Immer wieder erzählt er, wie er auf einem Rost gebraten werde und der Arzt ihn regelmäßig wende. Die Angehörigen wie auch der Arzt ermuntern ihn, weitere derart lustige Geschichten zu erzählen. Ich fand wenig Lustiges daran und suchte das Gespräch mit ihm außerhalb der Besuchszeiten. Sein kindlicher Glaube ließ ihn erahnen, daß er seine früheren Sünden nun im Fegefeuer büßen müsse. Und davor hatte er große Angst. Ich ermutigte ihn zu einem Gespräch mit seinem Seelsorger und dazu, die begangenen Fehler mit seiner Frau aufzuarbeiten. Nach wenigen Gesprächen wurde der Patient ruhiger, verlor diese Träume und starb kurz darauf. Zwischen ihm und seiner Frau aber konnte erledigt werden, was zu erledigen nötig war.

Wir alle tragen Ereignisse in uns, die uns am Ende unseres Lebens wie in einem Film nochmals in Erinnerung gerufen werden. Es sind nicht nur angenehme Erlebnisse. Vor allem beschäftigen uns jene, bei denen wir uns nicht gerade glücklich verhalten haben. Von diesen belastenden Ereignissen werden wir uns befreien müssen, wollen wir nicht in Angst und Bangen den letzten Weg gehen. Die Art unseres Sterbens wird sehr von der Art unseres Lebens abhängig sein. Dabei beschränken sich die fehlerhaften Ereignisse meistens auf die Beziehung zu unseren direkten Angehörigen. Konflikte mit Außenstehenden werden weniger häufig zur Sprache gebracht, es sei denn, sie haben direkten Bezug zur eigenen Familie (Dreiecksbeziehungen usw.). Ich bin der Meinung, daß wir uns zu Lebzeiten auf unser Sterben einrichten können, wenn wir so leben, daß wir jederzeit zu sterben bereit sind. Das heißt natürlich nichts anderes, als immer wieder in Ordnung zu bringen, was gefehlt wird, ehrlich zu sich selber und ehrlich zu unserer Umgebung zu werden. Damit wird es auch gelingen, den oft peinlichen und pathologischen Trauerprozeß in ganz anderen Dimensionen zu erleben – weniger verhängnisvoll, weniger chaotisch, weniger destruktiv!

4.1.4 Die Annahme

Nach durchkämpfter Auseinandersetzung, nach erfolgter Bereinigung kann die Annahme geschehen. Häufig höre ich von Patienten, daß sie jetzt sterben möchten. Sie geben ihren Kampf auf, nicht aus Resignation, sondern aus einem inneren sicheren Gefühl heraus. Es kehrt eine Ruhe ein, die sich deutlich von ähnlichen früheren Situationen unterscheidet. Dies kommt mir oft vor wie eine Art beglückende Ruhe. Sehnsüchte wie „Ich möchte ans Licht . . ." oder „Ich freue mich auf die Wärme . . ." oder „Jetzt geht es nicht mehr lange . . ." werden formuliert. Für die Angehörigen beginnt gleichzeitig eine große Trauer. Ihnen wird jetzt bewußt, daß die „Phase vor dem Sterben" ihres Kranken endet. Dieser tritt jetzt über in die „Phase während des Sterbens". Sie nehmen Abschied voneinander.

Keiner, der eine entsprechende Auseinandersetzung mit seinen Angehörigen durchlebt hat, wird einfach so aus dieser Welt scheiden. Er wird sich von jedem einzelnen Familienmitglied verabschieden, auf seine Art und in einer Form, die es den andern ermöglicht, darauf einzugehen und die Verabschiedung anzunehmen.

Beispiel 28: Nach den Ostertagen (siehe Beispiel 24) fiel die Patientin ins Koma. Fünf Tage später erwachte sie, aber jeweils nur kurz, wenn dasjenige Familienmitglied, von dem sie sich verabschieden wollte, allein bei ihr im Zimmer war. Diese Momente dauerten nur einige Minuten. In dieser Zeit war sie völlig klar in ihren Gedanken und auch in ihrer Sprache. Daraufhin fiel sie erneut ins Koma, aus dem sie nicht mehr erwachte. Sie starb in ihrem Zimmer, als die übrigen Familienmitglieder miteinander aßen.

Diese letzte Station im Leben des Patienten ist für die nun folgende Trauerarbeit von enormer Bedeutung. Es gibt neben chaotischer Trauer auch ein Gefühl der wohligen Trauer. Diese hängt aber von der Begegnung zwischen Patient und seinen Angehörigen ab. Wir müssen umdenken. Wir müssen lernen, Angehörigen beizustehen, sie zu ermutigen, von sich aus den beschwerlichen Weg der Bereinigung anzutreten. Die Trauer verändert sich. Sie wird passender, wenn die letzten Wochen oder Monate des gemeinsamen Lebens in einer konstruktiven Atmosphäre gelebt werden konnten. Ich sage damit nicht, daß die Trauer einfacher wird. Sie wird anders – weniger peinlich, weniger chaotisch. Jeder Trauernde wird seinen eigenen Weg der Trauer finden müssen.
Die Diskrepanz der Empfindungen zwischen Patienten und Angehörigen in der Phase vor dem Sterben läßt sich mit folgender Grafik zeigen:

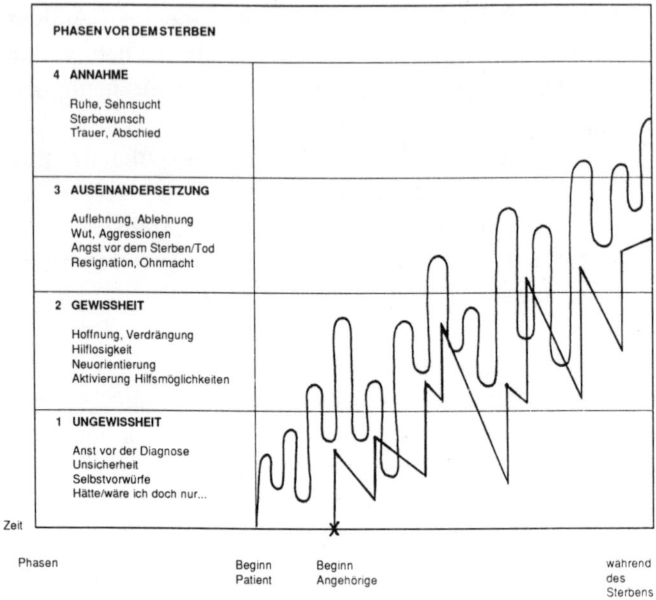

Figur 18: Phasen vor dem Sterben

Eine kurze Fallstudie anhand eines Kindertodes soll die oben beschriebene intrafamiliäre Auseinandersetzung noch in einem anderen Licht zeigen. Bis jetzt habe ich von den direkten Beziehungen zwischen den einzelnen Familienmitgliedern zum sterbenden Patienten gesprochen. Wie nun reagiert die Familie als ganze auf diese bedrohliche Situation? Der Sterbende reißt zwangsläufig eine Lücke in ein Beziehungsgeflecht, welches oft auf Koalitionen beruht. Daß dabei in der Restfamilie nicht nur Spannungen, sondern massive Konflikte sichtbar werden können, ist nicht mehr als gewöhnlich.

Beispiel 29: Der 4jährige Alex leidet an einem Hirntumor.
Operation und Chemotherapien mit Bestrahlungen

erscheinen als wenig erfolgversprechend. Zum Zeitpunkt der Aufnahme einer Familientherapie zeigt sich die Familie in dem Zustand, den Figur 19 darstellt. Der junge Patient ist Mittelpunkt. Alles dreht sich um ihn. Der 6jährige Bruder stört ständig, stottert, masturbiert und ist den Eltern gegenüber äußerst aggressiv. Er sieht, wie sehr sie sich um den jüngeren Bruder kümmern. Er scheint zu kurz zu kommen. Die erste Untersuchung zeigt eine äußerst angespannte familiäre Situation. Die Eltern haben Angst vor dem Sterben ihres Kindes, Angst alleine zu sein, zu versagen, fühlen sich hilflos und ausgeliefert. Beide sind besonders verletzlich, zeigen Schuldgefühle (Strafe Gottes, Sühneleistung wegen der ersten Scheidung des Mannes) und sind sehr unsicher. Es gelingt ihnen nicht, ihre kreativen und stützenden Fähigkeiten einzusetzen. Neben all den negativen Auswirkungen ist der ältere Bruder des Patienten aber auch sehr einfühlsam, genügsam, lustig, zärtlich und in seiner Phantasie auch sehr kreativ. Die Eltern wollen sich der Herausforderung stellen, suchen eigentlich einen besseren Zugang zueinander und möchten dem gesunden Kind auch gute Eltern sein. Die Turbulenzen mit dem kranken Kind machen ihnen alle guten Vorsätze schwer. Der therapeutische Prozeß führt anfangs zu einer Verschlechterung der Situation. Zwischen den Eltern als Partnern kommt es zum offenen Streit. Die Verstän-

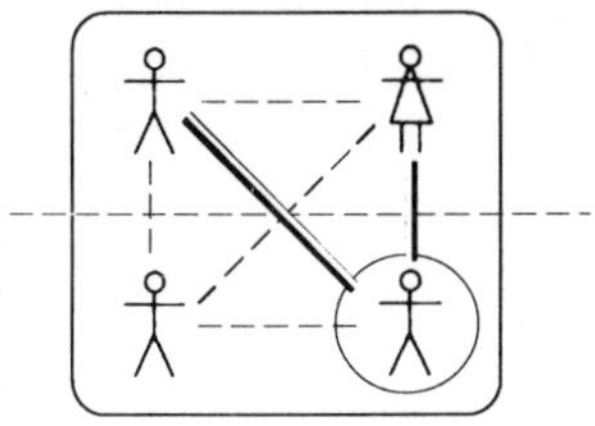

Fig. 19:
Aufnahme der Therapie

digung untereinander scheint unmöglich zu werden. Der ältere Bruder reagiert verwirrt und stört massiver. Jedes Familienmitglied ist auf seine Art traurig und versteht die Trauer des andern nicht. Die Eltern konzentrieren sich ganz auf das sterbende Kind. Jeder Elternteil möchte so viel Kontakt wie nur möglich zu ihm. Die einzig sichtbare Veränderung liegt darin, daß sich das Verhältnis der beiden Brüder merklich gebessert hat. Der Ältere spielt mit dem Kleinen, schickt ihm Zeichnungen und Briefe, die zwar nicht lesbar sind, ihm aber seine tiefe Zuneigung deutlich machen. Der partnerschaftliche Konflikt hat zu einer Beruhigung im Verhältnis der beiden Brüder geführt. Die Auseinandersetzung zwischen den Eltern, und zwar als Partnern, hat bewirkt, daß die Kräfte in der Familie eine Neuverteilung erfahren haben. Beide Elternteile beginnen, sich von der Rivalität um die Gunst des Patienten zu lösen, und schenken dem gesunden Kind mehr Aufmerksamkeit. Das Kräfteverhältnis in der Familie verändert sich nicht nur zugunsten des älteren Kindes, sondern auch zugunsten der Eltern selbst. Sie besinnen sich auf ihre Fähigkeiten und aktivieren sie auch. Der

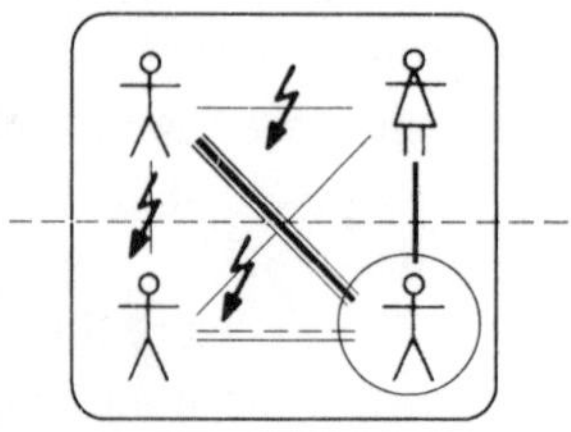

Fig. 20:
Nach dem 8. Gespräch

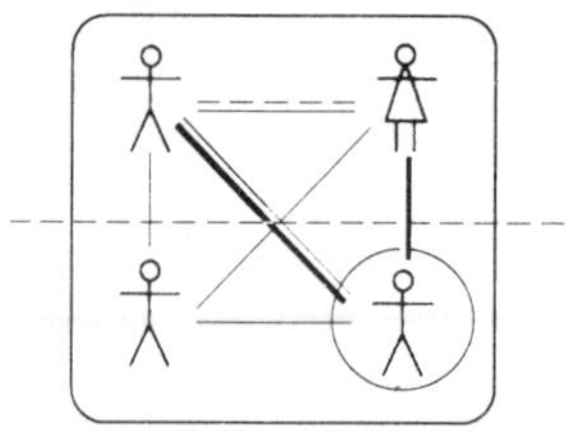

Fig. 21:
Nach dem 14. Gespräch

Mann übernimmt Verantwortung und Kompetenzen, und die Frau beginnt an sich zu arbeiten. Das ältere Kind ist ruhiger geworden, erhält nun Zuwendung von beiden Eltern und verliert nach und nach die zu Beginn der Therapie gezeigten Symptome. Die Partner begegnen sich wohlwollender, haben die Rivalität um das sterbende Kind abgelegt, organisieren sich nun und finden auch noch Zeit sowohl für sich selber als auch für ihre Beziehung.

Tritt nun ein Tod im Zustand der Figur 19 ein, so ist mit einem Auseinanderbrechen der Familie zu rechnen, bestehen doch zwischen den überlebenden Familienmitgliedern keine tragfähigen Verbindungen mehr. Es ließen sich noch viele solcher Beispiele aufzeichnen. Sie alle weisen darauf hin, daß zwischen dem Sterbenden und seiner Familie eine Dynamik im Spiel ist, von der Außenstehende keine Ahnung haben, es sei denn, sie nehmen sich die Mühe, das Sterben nicht nur als individuellen, sondern auch als intrafamiliären Prozeß anzusehen. Dabei spielt es überhaupt keine Rolle, wie alt der sterbende Patient ist. Sein Tod löst immer Nachfolgereaktionen aus, die im voraus nicht ersichtlich sind.

Beispiel 30: Ein 73jähriger Mann stirbt nach einer Lungenentzündung. Die Angehörigen begleiteten ihn. Einige Wochen später trennt sich die 45jährige Tochter von ihrem Mann und verläßt das gemeinsame Haus. Die Kinder bleiben beim Vater, die Mutter zieht zu ihrem Freund. Wörtlich erklärt sie, daß sie sich zu Lebzeiten ihres Vaters nie getraut hätte, ihre eigene Familie zu verlassen und mit ihrem (übrigens langjährigen) Freund zu leben. Ihr Vater sei mit seinem Schwiegersohn sehr gut ausgekommen, und er hätte ihr Verhalten nie toleriert.

Pikanterweise wird ja nach dem Tod häufig gestritten. Der Verstorbene ist noch nicht beerdigt, schon beginnt der Krach um das Erbe. Die Hinterbliebenen bedienen sich dabei der gelebten Koalitionsstruktur. Diese teils dramatischen Familienverhältnisse kosten nicht selten viel Geld, Zeit und bringen Ärger und tiefe intrafamiliäre Gräben, die kaum je überwunden werden können. Familien entzweien sich.

Ich habe mich bisher auf die Auseinandersetzung zwischen dem Patienten und seinen direkten Angehörigen (individuell und intrafamiliär) beschränkt. Diese Einschränkung ist jedoch unzulässig. Der Patient stirbt nicht nur aus einer Familie, er stirbt auch aus einer sozialen Vernetzung heraus. Hier beginnt sich ein gewaltiges Problem abzuzeichnen. Wir haben oft verlernt, auf Mitmenschen in Not eingehen zu können. Wenn ich daran denke, daß viele Patienten die letzten Stunden ihres Lebens eben nicht in ihrer gewohnten Umgebung (also zu Hause) verbringen, so sehe ich, daß sich im Umgang der modernen Gesellschaft mit dem Sterben und dem Tod gegenüber früheren Zeiten Wesentliches geändert hat. Über das Verhalten der sozialen Bezugspersonen zum Patienten habe ich mich bei der Definition der Angehörigen schon geäußert. An dieser Stelle interessiert mich vor allem die Interaktion zwischen der sozialen Umgebung und den Angehörigen. Zwei Hauptmerkmale sind mir dabei aufgefallen:

1. Im Verhalten der sozialen Umgebung sind Unterschiede feststellbar je nachdem, wo sich der Kranke befindet.

2. Während der Phase vor dem Sterben konzentrieren sich alle Besuche auf den Patienten; die Angehörigen werden dabei meist vergessen.

Ich möchte diese Merkmale genauer beschreiben. Früher war es nicht üblich, Kranke oder Sterbende spezialisierten Institutionen zu überlassen. Man pflegte zu Hause. Der Patient blieb in seiner gewohnten Umgebung. In ihr entstanden auch seine Beziehungen nach außen. Nachbarn, Freunde, Verwandte und Bekannte besuchten denn auch den Patienten in seinem angestammten Lebensraum. Es ergaben sich dadurch von selbst engere Beziehungen zwischen den Besuchern und den Angehörigen. Wohl galt der Besuch dem Patienten; die Exklusivität des Besuchs hingegen fiel weitgehend weg. Der Vorteil dieser Begegnungsmöglichkeit liegt nämlich darin, zusätzlich auch Anteil am alltäglichen Leben der übrigen Familie nehmen zu können. Die Kontakte von Haus zu Haus waren spontaner, lebendiger, ungezwungener als heute. Man meldete sich nicht an, sondern kam einfach vorbei. Damit reduzierte sich die Intimsphäre natürlich drastisch. Dafür entstand eine soziale Vernetzung, die weit über den Tod hinaus weitergelebt wurde.
Heute verlagert sich das Geschehen weg von zu Hause. Ein Patient verbringt Wochen oder gar Monate in einem anonymen Zimmer einer Klinik. Die Besuche richten sich nach den bestimmten und festgelegten Besuchszeiten und gelten ausschließlich dem Patienten. Er ist alleiniger Mittelpunkt, egal ob Angehörige anwesend sind oder nicht. Sind sie da, dann sind gleich zwei Fliegen auf einen Streich erwischt. Sind sie nicht da, dann läßt man sie grüßen, falls man sie kennt. Es entsteht keine tragfähige und über den Tod hinaus funktionierende Beziehungsstruk-

tur. Zudem ist es nicht selten, daß sich Besucher treffen, die untereinander in schwierigen Verhältnissen leben und so ungeahnte Spannungen in ein Krankenzimmer bringen können. Peinlich ruhig wird die Atmosphäre auch, wenn ein angeregtes Gespräch durch neue Besuchende unterbrochen wird. Die Intimsphäre ist wie weggeblasen. Allerdings können bei Langzeitpatienten die häufig Besuchenden in einen bestimmten Besucherturnus einbezogen werden. Dies kann die Angehörigen hinsichtlich ihrer eigenen Anwesenheit natürlich stark entlasten.
Mit dem Tod des Patienten fallen auch die Besuche weg; man besucht keine Angehörigen im Spital, sondern bestenfalls in ihrem angestammten Lebensraum. Und hierfür gibt es dann keine gewachsenen Traditionen.

Beispiel 31: Frau W. besuchte vier Monate lang täglich ihren Mann in der Klinik, und zwar von 8 Uhr bis 12 Uhr und von 13 Uhr bis 20 Uhr; dazwischen lagen nur ganz kleine und kurze Erfrischungspausen oder Spaziergänge im Klinikgarten. Vier volle Monate lang schlief sie nur noch zu Hause. In ihrer Wohnung pulsierte kein Leben mehr. Durch ihre lange Anwesenheit im Spital hatte sie regen Kontakt zu jenen, die ihren Mann besuchen kamen. Die große Anzahl der Besuche ermutigte sie. Mehrmals betonte sie, daß es beruhigend sei, so viele Freunde zu haben. Nach dem Tod ihres Mannes blieb ihre Wohnung leer. Sie hatte sich selber inzwischen recht entfremdet. Besonders tragisch war der Umstand, daß kaum einer zu ihr allein in ihre Wohnung kam. Kontakte gab es nur zu einigen wenigen engen Freunden. Für viele waren die Besuche mit dem Tod des Patienten abgeschlossen. Über das Wohl der

Frau des Verstorbenen erkundigten sich danach nur noch wenige.

Kann es sein, daß die Verlagerung der Beziehungen in kranken Tagen in spezialisierte Institutionen auch zu einer Verlagerung der Beziehungen an sich führt? Sind wir heute so weit, daß wir uns nur noch dem Patienten zuwenden und dabei vergessen, daß dieser in verschiedenen Netzen lebte und sein Tod für andere gravierende Konsequenzen haben kann?
Es ist ein Irrtum, anzunehmen, daß überall dort, wo Patienten zu Hause gepflegt werden und sterben, die soziale Vernetzung besser funktioniert. Im Gegenteil höre ich, daß es für viele einfacher ist, schnell einen Besuch in der Klinik zu machen, weil man die dortigen Besuchszeiten kennt. Zu Hause weiß man nie, ob man willkommen ist oder nicht. Ich verstehe diese Reaktionen sehr gut. In der Regel bleibt diese Unsicherheit ungeklärt, und so wendet man sich weder dem Patienten noch den Angehörigen zu. Weshalb fragt man nicht, wann ein Besuch erwünscht ist? Wieso klärt man mit den Angehörigen nicht ab, welche Dienstleistungen als nachbarschaftliche Hilfe nützlich wären? Was macht es so schwer, diese soziale Vernetzung, auf die man in gesunden Zeiten so viel Wert legt, vor allem in schlechten Zeiten zu leben? Ist es die Unkenntnis der Behandlung von Angehörigen oder schlicht und einfach die eigene Bequemlichkeit, die verhindert, sich für die Nächsten zu engagieren? Wer ist denn der Nächste, der unserer Hilfe bedarf? Ist es nur der Patient? Was würden wir von unserer sozialen Umgebung erwarten, wären wir in der Rolle des Angehörigen?

AUFGABE

Erstellen wir doch folgende Liste. In der linken Spalte tragen wir den Namen jenes Menschen ein, von dem wir uns in schwierigen Zeiten unseres Lebens eine besondere Hilfe erwarten:

Name/Vorname	Was erwarte ich von ihm/ihr?
....	....
....	....
....	....
....	....
....	....
....	....

Fällt es schwer, diese Liste zu füllen, so wäre ein Überdenken der eigenen sozialen Beziehungsfelder von Nutzen. Fällt es nicht schwer, dann ist es wirklich erfreulich. Vielleicht ließe sich jetzt überlegen, was wohl andere in unserer Umgebung, die in Not sind, von uns erwarten. Gelingt es nicht, diese Erwartungen herauszufinden, so gibt es sicherlich genügend Möglichkeiten, sie zu erfragen. Nur ein herzhaftes Zugehen auf die Angehörigen kann verhindern, daß sie sich nicht zunehmend isolieren, ghettoisieren und von ihrer Umwelt zurückziehen.

4.2 Die Phase während des Sterbens

Der wohl intimste aller Vorgänge ist jener des Sterbens. Für den Menschen beginnt die letzte Phase in seinem Leben, oft abseits bewußten Empfindens. Frühere

Wünsche über die Art des Sterbens („Ich möchte im Stehen sterben . . .") [25] verändern sich. Er hat den eigenen Tod angenommen und will einfach nur noch sterben, wenn er spürt, daß es nun soweit ist. Die Phase während des Sterbens kann zeitlich definiert werden.

4.2.1 Der zeitliche Verlauf

Im Verhältnis zwischen Patient und seinen Nächsten sind jedoch zwei unterschiedliche Abläufe zu erkennen, die zeitlich nicht deckungsgleich sind.

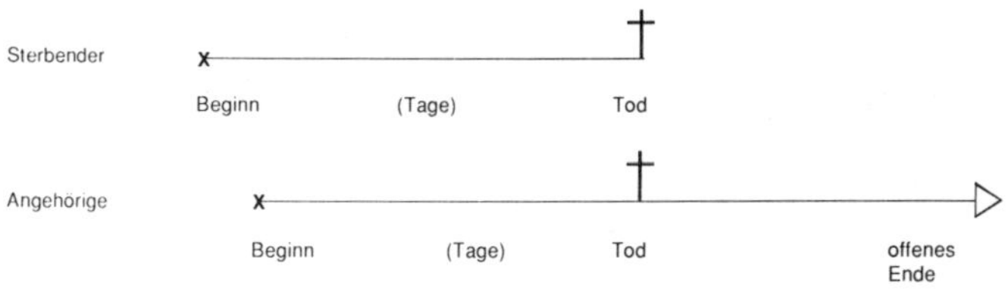

Figur 22: Zeitlicher Ablauf

Die Umgebung des Sterbenden hat nur die Möglichkeit der Reaktion auf seine Zeichen. Dies sind körperliche Veränderungen (fortschreitender Ausfall einzelner Körperfunktionen, Versagen des Bewegungsapparates) oder auch das verbale Sich-Ergeben in sein Schicksal, das Aufgeben des Widerstandes gegen das Sterben, das Sich-Hingeben. Diese untrüglichen Zeichen verraten uns deutlich, daß der Patient jetzt „seine letzte Reise antritt". Häufig hören wir auch ganz wirre Informationen, die auf solche Reisen hinweisen. „Ich muß fort . . ." oder „Ich muß jetzt gehen . . ." oder „Wo ist mein Billet . . ." und ähnliches. In anderen Fällen wird der Sterbende äußerst unruhig, möchte das Bett verlassen und fällt nicht selten auch heraus. Man wird ihm zu seiner und der pflegerischen Beruhigung dann ein Gitterbett bereitstellen. Eine weitere Form der Ankündigung des nahen Todes hört man, wenn die Patienten bereits verstorbene Menschen auf sich zukommen sehen. Es sind Menschen, die sie liebten und zu denen sie eine herzliche Beziehung pflegten. Koalitionspartner können es sein oder einfach eng Vertraute und Verbündete. Die Sterbenden fühlen diese in ihrer Nähe; sie werden ruhiger und sehen gelassener dem letzten Schritt ihres erlöschenden Lebens entgegen. Es kehrt eine innere Ruhe ein, die sie zuversichtlich stimmt.

4.2.2 Die Angst vor der dunklen Röhre

Seit langem beschäftigt mich, daß die Sterbenden kurz vor ihrem Tod von einer langen, dunklen Röhre berichten, die ans Licht führen werde. Jeder Spitalseelsorger oder jede Krankenschwester hört immer wieder ähnliche Aussagen. Sie beschäftigen mich aus folgenden Gründen:
Zum einen ist eine dunkle Röhre oder ein Tunnel etwas, was Angst macht. Es ist unheimlich, in einer solchen Röhre allein sein zu müssen. Niemand ist gerne allein im Dunkel, sei dies in einem Kellerraum, in einem unbekannten Korridor oder im Wald. Wir fürchten uns vor diesem Dunkel. Es macht Angst. Wovor haben denn Sterbende Angst? Viele Gründe sprechen für eine solche Furcht. Da ist zum Beispiel der Umstand zu vermerken, daß in den Kirchen vor dem Jüngsten Gericht, der Strafe Gottes für die Verfehlungen im Leben, gewarnt und Angst geradezu gezüchtet wird. In konservativ-kirchlichen Kreisen knüpft man in der Lehre über Jesus an vorkonziliarem Gedanken-

gut an. Gott erscheint wieder als strenger Richter. Interessant ist nur, daß all diejenigen, die davon predigen, angeblich auch wissen, wie und mit welchen Strafen dieser Gott richten wird. Woher beziehen sie diese Kenntnisse? Sind das nicht reine Spekulationen, die deshalb so gelebt werden können, weil es genügend Menschen gibt, die „in den Himmel kommen möchten" und sich deshalb ganz in diese oft recht infantile Abhängigkeit begeben? Mache ich jemandem Angst, dann läßt er sich besser führen. Je bedrohlicher die Gebärden werden, um so gefügiger wird reagiert. Einschüchterungen und angstmachende Äußerungen sind unlautere Mittel, Menschen auf einen Weg zu bringen, von dem man selber überzeugt ist. Solche Verhaltensweisen hatte Jesus von Nazaret *nicht* nötig.

Eigenartigerweise predigen viele Seelsorger von einem gütigen, verzeihenden, stärkenden, schützenden und liebenden Gott – Sonntag für Sonntag! Weshalb denn plötzlich die Angst vor einem strafenden Gott, einem Jüngsten Gericht, an dem über Himmel und Hölle entschieden werden soll? Theologen mögen sich über Himmel und Hölle streiten. In der Phase während des Sterbens gibt es andere Probleme, die von Bedeutung sind. In all den Fällen, bei denen eine Bereinigung zwischen dem Patienten und seinen Angehörigen vollzogen werden konnte, hörte ich keine angsterfüllten Aussagen. Konkret behaupte ich heute, daß diese Röhre oder dieser Tunnel sehr von den gelebten, unbereinigten Beziehungen abhängt. Das Sterben ist geprägt vom gelebten Leben. Schuldgefühle des Sterbenden werden Inhalte dieser Röhren sein; Ängste, von etwas Abschied zu nehmen, was noch nicht in Ordnung gebracht werden konnte. Diesen Läuterungsprozeß durchwandert der Sterbende allein, er nimmt Abschied von diesen Stationen. Kann er diese Auseinandersetzung mit seinen Angehörigen bestreiten, dann ist er auf seinem letzten Weg nicht allein.

Beispiel 32: Nach dem Ostererlebnis (siehe Beispiele 24 und 28), als die Patientin wieder aus ihrem komatösen Zustand kurz erwacht, erzählt sie, daß sie sich auf einer riesigen Blumenwiese liegend gesehen habe. Sie fühle sich geschaukelt wie eine Nußschale auf einem großen weiten Meer, sie schaukle dem Licht entgegen.

Nichts von Röhre, Tunnel oder sonst etwas, was Angst machen könnte! Wohlige, schöne, beglückende Bilder begleiten ein Sterben. Hat die Bereinigung diese Bilder ermöglicht?
Immer wieder höre ich, dieser Prozeß sei nicht möglich gewesen, weil der Patient nicht mehr ansprechbar gewesen sei. Vielleicht konnte der Sterbende tatsächlich nicht mehr sprechen, aber die Angehörigen hätten es gekonnt. Auch schweratmende Patienten hören uns immer. Dies bezeugen viele Menschen, die als klinisch tot galten und nach einer Reanimation wieder zurückgeholt wurden. Eigene Beobachtungen bestätigen diese Annahme.

Beispiel 33: Ein zwanzig Monate altes Kind stirbt an einer Stoffwechselerkrankung, die zu einer Verfettung der Organe geführt hatte. Die letzten Tage lag das Kind regungslos und mit geschlossenen Augen im Bett. Hilflos standen alle um es herum. Am Tag seines Sterbens betteten wir das Kind in die Arme seiner Mutter. Ich ermunterte die Eltern, so viel wie nur möglich mit dem Kind zu reden und immer wieder sein Lieblingslied zu singen. Die erste halbe Stunde geschah nichts Nennenswertes, nach außen wenigstens. Dann aber begann der kleine Körper zu reagieren. Beim Ertönen seines Lieblingsliedes gab der Junge Laute von sich. Als seine Eltern ihm sagten, wie sehr sie ihn liebten, begann er seinen Körper zu bewegen. Diese Zwiesprache zwischen sterbendem Kind und Eltern dauerte gut vier Stunden. Dann starb der Junge, anders als in vergleichbaren Fällen beschrieben: friedlich, noch einmal tief Atem holend, ohne weiteren Hirnkrampf und ohne Anzeichen von Ersticken.

Hat ihn diese Auseinandersetzung mit seinen Eltern zufrieden gemacht? Spürte er, daß er jetzt im wahrsten Sinne des Wortes getragen wurde? Es gibt darauf keine Antworten, nur wiederum Vermutungen. Auffällig dabei ist, daß das Sterben anders verlief.

4.2.3 Die Wahl der Begleitung

Nicht alle Sterbenden trauen ihren Angehörigen zu, beim letzten Atemzug dabeizusein. Ich denke, daß sich die Patienten jene Begleitpersonen aussuchen, denen sie diese Stärke zuschreiben. Dabei kommt es recht häufig vor, daß sich Sterbende plötzlich und ganz allein, ohne Begleitperson, verabschieden. Ich bin der Meinung, daß der Patient ein Recht darauf hat, bei und mit jenen zu sterben, denen er diesen Vorgang zutraut. Diese Haltung darf nicht als Mißtrauensvotum den andern gegenüber interpretiert werden. Vielmehr hat das Verhalten mit der intrafamiliären Koalitionsstruktur zu tun. Man wünscht sich jene Begleiter, zu denen man die beste Beziehung gepflegt hat. Ausgenommen von diesen Regeln sind die Partner, falls das Verhältnis gut gewesen ist. Hier sind zwei gegensätzliche Haltungen möglich: Verschonen oder Umklammern. Es kommt vor, daß in engen partnerschaftlichen Beziehungen der Patient seinen Hinterbliebenen schonen will und dann stirbt, wenn der andere schläft oder für eine kurze Entspannung das Zimmer verläßt oder gerade mit sonst etwas anderem beschäftigt ist.

Beispiel 34: Eine Gemeindeschwester erlebte turbulente Zeiten in der Pflege eines älteren Mannes. Dessen Frau, auf deren Hilfe sie angewiesen war, sabotierte zunächst die Pflege. Erst als sich die Gemeindeschwester auch mit ihr befaßte, konnte eine für alle Beteiligten gute Lösung gefunden werden. Die Schwester pflegte den Mann und reservierte sich noch 20 Minuten für eine Tasse Tee mit seiner Frau. Viele Stunden verbrachte die Frau mit ihren erwachsenen Kindern wachend am Krankenbett. Der Mann starb aber genau dann, als sie mit der Gemeindeschwester in Ruhe eine Tasse Tee trank, im gleichen Zimmer wohlverstanden. Sie plauderten, lachten, waren gut aufgelegt, tranken ihren Tee aus und bemerkten dann, daß der Mann inzwischen gestorben war.

Die Umklammerung erfordert eine Menge von Verständnis und tragfähiger Zuwendung dem Hinterbliebenen gegenüber. Für ihn ist es nicht leicht, seinen geliebten Partner sterben zu lassen. Der Schmerz, ihn auch noch zu begleiten, kann ihn psychisch in den Grenzbereich seiner Fähigkeiten bringen. Ich verstehe diejenigen, die sich am Leben ihres sterbenden Partners festklammern möchten und denen es unsagbar schwerfällt, ihn loszulassen. Für den Sterbenden kann es nichts Beglückenderes geben, als von dem begleitet zu werden, den man sich so sehnlichst wünscht. Ist es der Partner, so wird diese letzte Beziehung zu ihm zur wohl intimsten seines Lebens.

Beispiel 35: Eine 43jährige Frau und Mutter von zwei noch schulpflichtigen Kinder pflegt ihren an Bauchspeicheldrüsenkrebs erkrankten 46jährigen Mann zu Hause. Sein Sterben rückt näher. Täglich führt sie ein Rapportheft über die Tropfen, Suppositorien und Spritzen. Sie verläßt die Wohnung kaum mehr. Nachts gegen 23 Uhr ruft sie den Arzt. Er verstärkt die Medikamente und macht die Frau darauf aufmerksam, daß wohl der Tod sehr nahe sei. Um 8 Uhr gibt sie ihm noch einmal Tropfen und Zäpfchen. Gegen 8.30 Uhr streckt er ihr seine rechte Hand hin, nimmt jene der Frau fest zu sich, drückt sie an sich, wie wenn er sich daran festhalten möchte, und stirbt.

Für die Frau war es trotz aller Vorwarnungen ein außerordentlich schwerer Schlag. Das Bewußtsein jedoch, ihm in den allerletzten Augenblicken seines Lebens ganz nahe gewesen zu sein, hat sie schon über manche kritischen Phasen in ihrem Leben hinweggetröstet. Die Intensität dieser Begegnung und das Wissen, ihm den größten Wunsch noch erfüllt zu haben, diese beiden Erfahrungen sind so intim, daß sie gar nicht richtig formuliert werden können. Bei aller Tragik entsteht ein ganz besonderes Glücksgefühl, eine träumerische Freundschaft auf ewig. Oft ist dies verbunden mit dem Wunsch, dem Verstorbenen zu folgen und ewig mit ihm verbunden zu sein.

Nach dem Tod aber erhält das Erlebte tieftragische Züge. Das Leben der Hinterbliebenen verändert sich massiv. Noch vor einigen Stunden galt der Patient als Mittelpunkt. Sein Sterben hielt auf Draht. Ablösungslisten wurden erstellt, Tabellen geführt, Pflege- und Hilfsmittel besorgt (falls der Patient zu Hause starb), der Kranke wurde optimal versorgt. Und von einem Moment auf den andern ist alles vorbei. Man hat keine Aufgabe mehr. Man kann abräumen. Die Listen müssen nicht mehr weitergeführt werden.

Zeit	10. September	11. September	12 September	13. September	14. September
0100	1 Zäpfli/36 + 10	1 Zäpfli/36 + 10 x	1 Zäpfli/36 + 10		
0200				Stuhl	
0300					
0400				1 Zäpfli/50 + 10	
0500	1 Zäpfli/28+ 3	1 Zäpfli 28 + 3	1 Zäpfli /28 + 3		
0600					
0700					
0800				1 Zäpfli/50 + 15	
0900	1 Zäpfli/25 + 3 x	1 Zäpfli/25 + 3 x	1 Zäpfli/25 +3 x		
1000				†	
1100					
1200			x		
1300	1 Zäpfli/25 + 3	1 Zäpfli/25 + 3	1 Zäpfli/25 + 3		
1400					
1500					
1600					
1700	1 Zäpfli/32 + 5	1 Zäpfli/32 + 5	1 Zäpfli/32 + 5 x		
1800					
1900		x	x		
2000					
2100	1 Zäpfli/36 + 10 x	1 Zäpfl/36 + 10	1 Zäpfli/36 + 10 x		
2200					
2300			Hr. Dr. R. kommt Spritze/50 + 10		
2400					
Bemerkungen					

Figur 23: Liste für die Verarztung

Für den Patienten ist die Phase seines Sterbens zu Ende. Sein Leben ist gelebt. Was jetzt?

4.2.4 Der narkotisierte Zustand

Für die Angehörigen ist diese Phase noch nicht zu Ende. Der Tod löst eine Art narkotisierten Zustand aus. Es ist eingetroffen, was man seit längerem befürchten mußte und vor dem man auch seit längerem zitterte. Wie ist es nachher? Auf der einen Seite mag man es dem Verstorbenen gönnen, daß er „es überstanden" hat. Auf der anderen Seite machen sich Hilflosigkeit und Gefühle der Ohnmacht breit, welche noch lange zu schaffen machen. Vorerst jedoch steckt man im Strudel der hektischen Betriebsamkeit: Anmeldung auf dem Bestattungsbüro, Gespräch mit dem Seelsorger, Organisation der Kärtchen, Verschicken der Todesanzeigen und Orientierung aller Verwandten, Bestattung, Leichenmahl, Danken für die Beileidsbekundungen, Blumen- und Geldspenden. Die Phase während des Sterbens dauert für die direkt Betroffenen gut zwei bis drei Wochen über den Todestag hinaus. So lange nämlich, bis die letzten Arbeiten im Zusammenhang mit dem Todesfall erledigt sind. Dann erst beginnt für die Angehörigen ihre dritte Phase, nämlich jene nach dem Tod.

Die intrafamiliäre Auseinandersetzung wird auch in dieser zweiten Periode mit den extrafamiliären Beziehungen ergänzt. Ich habe schon darauf hingewiesen, daß die Begleitung der Angehörigen im argen liegt. Freunde des Verstorbenen müssen nicht zwingend auch Freunde der Angehörigen sein. Mit dem Eintritt des Patienten in seine letzte Lebensphase reduziert sich die Besuchsfrequenz zwangsläufig. Wenige Menschen nehmen nun direkten Anteil am Geschehen. Es sind dies die nächsten Angehörigen, das Pflegepersonal und allernächste Freunde. Das Gros der sozialen Umgebung wird sich abwartend verhalten. Die Patientenbesuche hören auf, und die Angehörigen läßt man in Ruhe. Ganz groß ist dann wieder die Beteiligung an der Beerdigung. Man bezeugt – sicher aufrichtig gemeintes – Beileid. Bei der Bestattung eines Kindes hatte ich noch nie so viele betroffene Mitmenschen gesehen. Die Eltern dieses Kindes berichteten mir Wochen später von einer noch nie gekannten Einsamkeit. Die Beerdigung ist das letzte Ritual, das noch nicht ersatzlos gestrichen worden ist. In Todesanzeigen liest man zwar zunehmend von stillen, im Familienkreis durchgeführten Beisetzungen. Eigene Untersuchungen haben zwiespältige Resultate ergeben. In einigen Fällen handelte es sich um eine stille und heimliche Beerdigung ohne Einladung der übrigen Verwandten: eine familieninterne Abrechnung unbereinigter Konten. In anderen Fällen habe ich festgestellt, daß man „kein Aufsehen" erleben wollte und sich deshalb dazu entschloß, ohne öffentliche Anteilnahme zu beerdigen. Die soziale Umgebung wird dies konsterniert zur Kenntnis nehmen, denn sie fühlt sich ausgeschlossen. Man wird sich nicht wundern dürfen, wenn sich dieselbe soziale Umgebung auch während des Trauerprozesses, der ja bekanntlich einige Zeit dauert, zurückziehen wird und so die Angehörigen vom Leben ausschließt.

4.2.5 Die soziale Integration/Desintegration

Zwischen diesen beiden Personengruppen entsteht eine Spannung, die leider vielfach nicht überbrückt werden kann. Obwohl die primäre Anteilnahme und Betroffenheit in der Regel ehrlich gemeint ist, denken viele Freunde, Nachbarn und Bekannte, nun sei der Hauptteil der Begleitarbeit geleistet. Sie wenden sich wieder ihren alltäglichen

Dingen zu. Das Verhältnis zwischen diesen zwei Gruppierungen ist von verschiedenen Faktoren abhängig:

— Von der sozialen Integration des Patienten:
  Menschen, die im sozialen Umgang zurückhaltend sind und am gesellschaftlichen Leben wenig Anteil nehmen, werden sich in schweren Zeiten eher allein fühlen – das heißt, sie können nicht auf viele tragfähige Beziehungen zurückgreifen. Ihre Isolation wird sich in einer fehlenden Verbindung nach außen dokumentieren.
— Von der sozialen Integration der Angehörigen:
  Je breiter der Fächer der sozialen Beziehungen ist, um so eher werden enge Bündnisse nach außen aktiviert werden können. Der Schritt nach außen ist ein wesentlicher Bestandteil einer tragfähigen Beziehungsstruktur in der Trauer. Menschen mit wenig Kontakt werden in der nachfolgenden Phase, jener nach dem Tod, ein isoliertes oder ghettoisiertes Leben führen, zurückgezogen, auf wenigste Verbindungen beschränkt. Menschen mit viel Kontakt nach außen werden aus einer Vielzahl von Beziehungen die für sie richtigen auswählen können.

Die Angehörigen werden jedoch in jedem Fall eine Öffnung nach außen suchen. Dabei ist dieser Vorgang sehr von ihren Wünschen und Bedürfnissen abhängig. Die unmittelbare Umgebung reagiert auch sofort darauf. Ziehen sich Angehörige auch nur kurze Zeit zurück, so reduziert sich das Interesse an ihnen schnell. Da in dieser Phase das Geschehen fast ausschließlich auf den Patienten ausgerichtet wird, verlieren die Angehörigen den Anschluß an die Umgebung, wenn sie sich nicht selber darum kümmern.

Kontaktpersonen

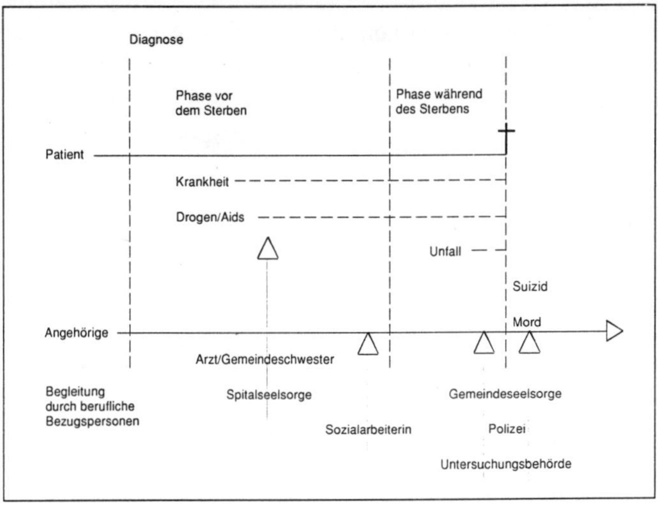

Figur 24: Kontaktpersonen

4.2.6 Das Verhältnis zur sozialen Umwelt

Alle beruflichen Begleitpersonen konzentrieren sich primär und oft auch ausschließlich auf den Patienten bzw. den Verstorbenen. Mit den direkten Angehörigen haben sie ihm Rahmen der nützlichen Abklärungen zu tun. Natürlich ist mir klar, daß sich einige dieser wichtigen Funktionsträger von ihrem Auftrag her gar nicht mit ihnen befassen können. Andere jedoch müßten sich geradezu zwingend mit den Angehörigen beschäftigen. Gespräche allein genügen dabei nicht. Es sind Vernetzungen anzustreben, die es ermöglichen, zwischen Angehörigen und ihrer Umwelt tragfähige Beziehungen aufzubauen. Dafür wäre während einer längeren Erkrankung des Patienten genügend Zeit vorhanden. Leider läßt man diese oft ungenutzt und abwartend verstreichen. Ein Bruch im sozialen Gefüge ist schwer reparierbar. Nur so kommt es, so denke ich, daß sich die Anteilnahme am Schicksal der Angehörigen „nur" noch auf die wirklich kritischen Tage beschränkt.

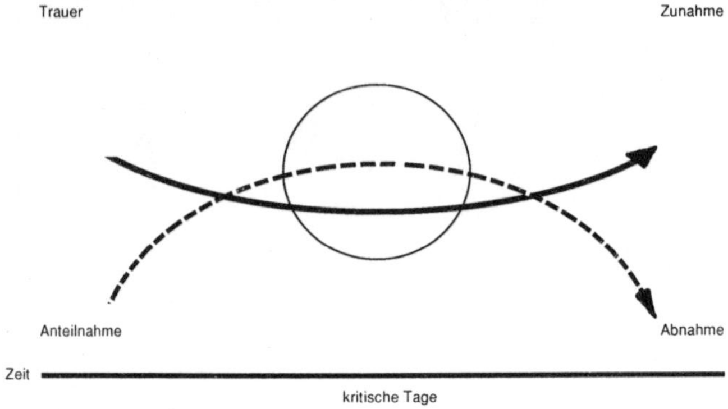

Figur 25: Anteilnahme

Überhaupt ist es interessant zu sehen, wie wenig einfühlsam auf Angehörige reagiert wird.

Beispiel 36: Ein 5jähriges, stark behindertes Kind stirbt an einem Herzversagen. Für die Eltern war dieses Kind trotz der Behinderung ein Sonnenschein. Wörtlich hörte ich von einer Nachbarin: „Ich bin richtig froh für die Familie, daß dieses Kind nun endlich gestorben ist. Jetzt haben sie eine große Belastung weniger zu tragen!"

Viele versuchen aus ihrer Perspektive und ihrem Empfinden heraus Rückschlüsse auf das Verhalten der Betroffenen zu ziehen. Solche Äußerungen sind meist sehr schmerzhaft. Sie bewirken bestenfalls eine emotionale Be-

ruhigung jener, die sie formulieren. Von Anteilnahme, von Einfühlsamkeit, von Verständnis für die Angehörigen ist wenig spürbar. Vielmehr werden lediglich im gesellschaftlich fragwürdigen Spiel von „Haben Sie schon gehört, daß . . ." neueste Neuigkeiten verbreitet, um auf dem laufenden zu sein. Es sind oft nur Gerüchte, vermischt mit eigenen Interpretationen. Man will mehr wissen als die Nachbarin. Man wird zu einer wichtigen Person, wenn man etwas zu erzählen hat. Reden und sich reden hören ist ja vielfach wichtiger als zuhören müssen. Die wilden Gerüchte erfahren deshalb Hochkonjunktur, weil sich letztlich niemand getraut, mit den direkten Angehörigen zu reden. Trotz großer äußerer Anteilnahme entsteht keine wirkliche Beziehung zu den Hinterbliebenen.
Nach den kritischen Tagen kann man sich wieder anderen Neuigkeiten zuwenden. Das Leben geht schließlich weiter; andere Sensationen warten darauf, verkündet zu werden. Besonders wild und spekulativ reagiert die Umgebung auf außergewöhnliche Todesfälle wie Unfälle, Suizide oder gar Mord. Buntes Boulevardgeplapper, gemischt mit detektivischem Spürsinn und teils grotesken Schlußfolgerungen, kursiert und macht ein solches Ereignis zu einem täglichen Tratschthema. Es geht dabei keineswegs um eine objektive Darstellung. Mitreden heißt dabeisein. Neue Variationen werden in der eigenen Gerüchteküche gezüchtet und verbreitet. Keine Zeit ist für derartige Verhaltensweisen besser geeignet als die jetzige. Die Angehörigen stecken in einem besonderen Zustand. Sie funktionieren. Sie erledigen die anfallenden Aufgaben automatisch. Nicht wenige stehen dabei unter medikamentösem Einfluß. Ihre Ansprechbarkeit ist äußerst begrenzt. Für sie ist die Phase während des Sterbens noch nicht abgeschlossen. Sie dauert noch so lange, bis alle mit dem Sterben und dem Tod ver-

bundenen Aufgaben erledigt sind. Dies kann sich noch einige Tage über das Datum der Beerdigung hinziehen. Sie stehen immer noch unter der Schockwirkung des Todes. Ihre erste Aufgabe wird es sein, sich in einer Umgebung zurechtzufinden, in der der Patient jetzt fehlt. Dies führt zwangsläufig zu einer Neuorientierung. Doch bevor sie diese vornehmen, brauchen sie eine Zeit der Erholung und Ruhe.

Das Aufräumen zu Hause ist ein äußerst schmerzhafter Prozeß. Wurde der Patient hier gepflegt, so sind nun gemietete medizinische Hilfsmittel zurückzugeben. In jeder Wohnung gibt es genügend Gegenstände, die immer wieder an den Verstorbenen erinnern. Jede dieser Begegnungen mit ihm ist schmerzhaft.
Zur gleichen Zeit haben sich die Angehörigen mit der Beantwortung vieler Briefe auseinanderzusetzen. Eine wahrlich schwierige Aufgabe. Es ist unvorstellbar, was alles geschrieben wird. Gutgemeinte Äußerungen verfehlen oft ihr Ziel, weil sie unüberlegt und völlig absurd tönen.

Beispiel 37: Eltern, die ein Kind durch einen Unfall verloren hatten, erhielten folgenden Brief: „Liebe Familie K. Von Frau H. erfuhr ich vom Hinschied ihrer Tochter L. Ich bedaure dies sehr. Eigentlich wußte man schon lange, daß diese Kreuzung sehr gefährlich ist. Wahrscheinlich müssen noch mehr Menschen sterben, bis endlich etwas gemacht wird. Ich bin echt froh für Sie, daß sie noch zwei andere, gesunde Kinder haben, und hoffe sehr, daß Sie sich in diesen schweren Stunden wenigstens an ihnen freuen können. In tiefem Beileid Ihre Familie S."

Wie soll ein solcher Brief beantwortet werden? Soll man sich überhaupt dafür bedanken? Wie und was kann man schreiben? Ich gestehe offen und ehrlich, daß es mir noch kein einziges Mal leichtgefallen ist, eine Trauerkarte zu schreiben. Oft sitze ich hilflos vor der geöffneten Karte und weiß einfach nichts zu formulieren. In diesen Momenten würden sich vorgedruckte Texte anbieten, die einfach nur noch unterschrieben werden müßten. Da ich aber weiß, daß diese Texte billige Lösungen sind und ihr Ziel verfehlen, benütze ich sie nicht und versuche, einen eigenen und damit auch persönlichen Weg zu finden. Es gibt eine Regel, die in solchen Situationen gut anwendbar ist:

Schreiben Sie von Ihren eigenen Empfindungen!

— Wenn es schwerfällt, etwas zu schreiben, dann schreibe ich, daß es mir schwerfällt, etwas zu schreiben.
— Wenn es mich traurig macht, dann schreibe ich, daß es mich traurig macht.
— Wenn ich mich hilflos und ohnmächtig fühle, dann schreibe ich, daß ich mich hilflos und ohnmächtig fühle.
— Wenn der Tod für mich unverständlich ist und als sinnlos erscheint, dann schreibe ich, daß ich in diesem Tod wenig Sinn sehe und er für mich völlig unverständlich ist.

Das In-sich-hinein-Horchen, das Aufnehmen der eigenen Stimmung und das Mitteilen von dem, was in mir vorgeht, bewirkt Nähe und Solidarität. Wir brauchen andere nicht zu trösten; das heißt, wir brauchen andern keine als Trost verstandene Ratschläge zu erteilen. Ratschläge sind oft Schläge. Sie werden in unserem Kopf zusammengebastelt. Wir überlegen, mit welchen Gedanken wir dem andern am ehesten helfen könnten. Dabei neigen wir oft dazu, Überlegungen zu formulieren, die mehr Trost für uns darstellen als Trost für die Betroffenen. Wir kennen nämlich die eigentliche Situation der andern überhaupt nicht. Wenn wir es uns nicht vorstellen können, unseren Partner zu verlieren, so heißt das nicht, daß es den Betroffenen auch so ergeht. Wir kennen deren Familiengeschichte (intrafamiliäre Koalitionsstruktur) gar nicht. Auch kennen wir das Verhältnis der Partner untereinander nicht. In vielen Ehen gibt es Phasen, in denen der Wunsch aufkommt, der Partner möge sterben. Es wäre dann der einfachere Weg, aus der Konfliktstruktur herauszukommen. Der partnerschaftliche Verlust ist deshalb sehr von der Qualität der Beziehung abhängig. Wenn wir nun aufgrund unseres eigenen Empfindens versuchen, dem überlebenden Partnerteil mitzuteilen, wie unsagbar schlimm seine Situation jetzt sei, so muß dies nicht zwingend stimmen. Hat das Paar in konflikthaften Beziehungen gelebt, so trifft diese Aussage nicht.

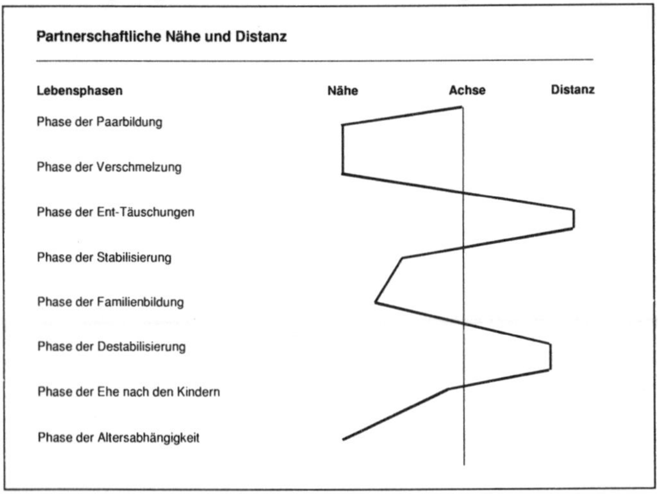

Figur 26: Partnerschaftliche Nähe und Distanz

Die einzelnen Lebensphasen tragen in sich ganz besondere Merkmale, die in jeder Zweierbeziehung anders sind. Keine Partnerschaft hat dieselben Inhalte wie eine andere. Es sind immer klar abgrenzbare Unterschiede in ihren Normen und Werten sichtbar. Aus diesem Grund ist es auch unsinnig, andern Menschen jene Ratschläge aufzuzwingen, die für uns gut und durchführbar wären, die *uns* trösten würden. Zudem lesen die Angehörigen aus den Beileidsbriefen heraus, zu wem sie Vertrauen entwickeln können. Spricht der Text an, so werden sie sich den Absender merken. Die Gespräche mit diesen Personen sind anderen Inhalts als die Gespräche mit jenen, deren Texte sie nicht verstehen können. Zu letzteren wird es keine tragfähige Beziehung geben. Man wird vielmehr Kontakt zur ersten Gruppe von Menschen suchen. Leider ist es so, daß in dieser Gruppe sehr viele sind, die ein gleiches oder ähnliches Schicksal erlebt haben. Sie haben schmerzhaft selbst erfahren, was es heißt, sich unverstanden zu fühlen.
Menschen, die zu wissen meinen, was für andere gut ist, sollen dies für sich behalten! Sie tun gut daran, diesen Ratschlag zu befolgen, denn sonst werden sie der Situation ihres Gesprächspartners nicht gerecht werden. Vielmehr öffnen sie einen tiefen und unheilvollen Graben, gefüllt mit Unverständnis und Verletzungen. Neben dem Verlust eines Familienmitgliedes haben sich die Angehörigen auch mit der unvernünftigen Reaktionsweise ihrer Umgebung zu beschäftigen. Manche dieser Erfahrungen sind bitter und schmerzhaft. Als unvernünftig erscheinen die Reaktionen deshalb, weil sie nicht von Herzen kommen. Es sind überlegte, durchstudierte, intellektuell gelenkte Aussagen, welche die emotionale Betroffenheit der Angehörigen nicht erreichen. Es wird in zwei verschiedenen Sprachen oder auf zwei verschiedenen Ebenen kommuniziert. Sender

und Empfänger verfehlen einander. Die nüchternen, kopflastigen Äußerungen erreichen das Herz nicht!
Ein weiteres Phänomen ist mir aufgefallen. Studiert man die Todesanzeigen, so fällt auf, wie monoton und in inhaltlicher Hinsicht arm sie formuliert sind. Ich habe in einer eigenen Untersuchung von dreißig verschiedenen Schweizer Zeitungen deutliche Unterschiede gefunden. In ländlichen oder mehrheitlich katholisch orientierten Gegenden wird dem Tod oder den Toten mehr Platz eingeräumt. Sichtbar wird es dadurch, daß einmal wöchentlich Platz für Lebensläufe vorhanden ist, die Todesanzeige neben dem Regionaltext und mit einem Foto des Verstorbenen publiziert wird und konfessionsspezifische Traditionen wie Gedächtnistag (Einladung zum Gottesdienst am 7. und 30. Tag nach dem Tod) und Jahrestag (Einladung zum Gottesdienst am ersten Todestag) in Kurzanzeigen veröffentlicht werden. Demgegenüber stehen absolut nüchterne Todesanzeigen in den Großstädten, die über den Stellenwert des Todes genügend Aufschluß geben. Eine große Zeitung beispielsweise publiziert die Todesanzeigen an unattraktivster Stelle, nämlich nach den Sportberichten zwischen Fahrzeugmarkt und den Stelleninseraten. Nicht mit jedem Todesfall wird eine neue Stelle frei! Wären die Todesanzeigen gratis, so würde ich dieses Verhalten noch verstehen können. Sie sind aber recht kostspielig und hätten auch daher ein Anrecht darauf, zentraler, das heißt im Lokalteil veröffentlicht zu werden – dort, wo der Verstorbene gelebt und gewirkt hat. Voraussetzung dazu ist, daß man dem Tod einen sozial relevanten Stellenwert beimißt. Das Beispiel dieser Zeitung ist stellvertretend für viele andere Großzeitungen in städtischen Gegenden. Geradezu unverständlich wirkte die Seite einer kleineren Zeitung, die mit „Sportbote“ überschrieben war, bei der

90% des Platzes jedoch mit Todesanzeigen gefüllt waren! Widerspiegeln solche Beispiele nicht eine gesellschaftliche Grundhaltung, in der der Tod wenig Platz findet? Ist hier nicht eine Entwicklung sichtbar, die zu einer Verarmung im Umgang mit den Verstorbenen führt? Haben Tote überhaupt Platz in unserem Leben? Wie gehen wir eigentlich mit soeben Verstorbenen um?

Beispiel 38: In unserer nächsten Umgebung verstarb ein 75jähriger alleinstehender Mann. Es war Sonntagmorgen. Um 8 Uhr brauste die Polizei mit Blaulicht und Sirene heran. Drei Minuten später war die Sanität zur Stelle. Gegen 8.30 Uhr erschien der Bezirksarzt, der offensichtlich den Tod feststellte. Um 9 Uhr fuhr der Leichenwagen vor, und der Verstorbene wurde ins Leichenhaus transportiert.

Rascheste, prompte Entsorgung! In den Leichenhäusern werden die Verstorbenen hinter Glas aufgebahrt. Die Angehörigen können den Toten sehen. Sie können aber nicht mehr mit ihm sprechen oder ihn berühren. Sie können „Fernsehtrauerarbeit" leisten! Damit wird möglicherweise eine ganz wichtige Stufe in der Verabschiedung eines Verstorbenen unterbunden. Auch sehe ich nicht ein, weshalb die Toten um jeden Preis innerhalb kürzester Zeit aus dem Haus geschafft werden müssen. „Sofern der Verstorbene aus gesundheitspolizeilichen Gründen nicht in der städtischen Aufbahrungshalle aufgebahrt werden muß, kann dies auch im Sterbe- oder Trauerhaus erfolgen" [26]. In der Wegleitung für Bestattungen des Zivilstandsamtes der gleichen Stadt heißt es unter der Rubrik ‚Überführung': „Die Aufbahrung zu Hause ist aus medizinischen, hygienischen und psychologischen Gründen nicht empfehlenswert und soll daher nur in Ausnahmefällen erfolgen“ [27]. Wird hier nicht auf krasse und unlautere Weise zugunsten eines reibungsloseren Ablaufs für das Personal versucht, eine kommunalgesetzliche Bestimmung zu torpedieren? Was einst normal und Brauchtum war, wird heute als Ausnahmefall qualifiziert. Ich kenne keine psychologischen Gründe, die eine solche Bestimmung als zwingend erscheinen lassen!

Häufig werden die Wohnverhältnisse oder die problematischen nachbarschaftlichen Beziehungen als mögliche Gründe zitiert. Zugegeben, die moderne Bauweise mit den kleinen Wohneinheiten in Hochhäusern erlaubt es nicht, einen Verstorbenen nach einem Klinikaufenthalt zu Hause aufzubahren. Die Treppenhäuser sind oft so eng, daß selbst der Transport der Leichen aus den Häusern äußerst schwierig ist, ganz abgesehen von den kleinen Liften, die wohl für sechs Personen Platz bieten, einen Sarg jedoch nicht aufnehmen können. In den wenigsten Häusern ist der Lift „bahrentransportfähig“. Ist die Architektur der sechziger und siebziger Jahre (viele Wohneinheiten auf wenig Boden) auch als Ausdruck unserer Haltung dem Tod gegenüber zu verstehen? In dieser Architektur (die in einer Zeit wirtschaftlicher Expansion entstand) kann der Tod keinen Platz finden. Von der Möglichkeit, zu Hause zu sterben, ist in keinem Planungs- und Raumgesetz die Rede. Ich habe die Augen der Angehörigen gesehen, als sie zuschauten, wie zwei kräftige Männer den 100 kg schweren Sarg buchstäblich das Treppenhaus hinunterwuchteten, den Sarg umspannt mit einer Transportgurte, damit das Stirnbrett nicht aufbricht, sollte der Tote mit seinem Kopf oben aufschlagen. Es waren entsetzte Gesichter, die diesem Rumpeln des Sarges und dem Stöhnen der Arbeiter zuschauten.

Vermutlich gäbe es in einem Wohnblock ganz gegensätzliche Reaktionen, falls bekannt würde, daß in der Wohnung nebenan ein Toter aufgebahrt wäre. Die Scheu dem Tod und den Toten gegenüber hat uns vergessen lassen, daß der Tod zum Leben gehört und überall und jederzeit vorkommen kann. Täglich werden Bilder von Zerstörungen von Menschenleben in die Wohnzimmer übertragen. Viele konsumieren diese Bilder und denken sich nichts dabei. Zeitungen und Zeitschriften berichten ausgiebig und in allen Details über qualvoll Verstorbene. Erst wenn der Tod in allernächster Nähe zuschlägt, beginnt es uns zu betreffen. Die Reaktionen sind auch dementsprechend katastrophal. Viele lehnen dieses Thema ab und setzen sich nicht damit auseinander. Diese Verhaltensweise wird sich bitter rächen. Dann nämlich, wenn wir selber zum Angehörigen werden, oder spätestens dann, wenn in unserer unmittelbaren Nähe das Thema aktuell wird.

4.3 Die Phase nach dem Tod

Für die Angehörigen setzt jetzt eine neue Phase ein. Diese beginnt etwa mit der Beantwortung der Kondolenzbriefe; ihr Ende aber kann keineswegs von vornherein festgelegt werden. Bevor wir uns den verschiedenen Stationen zuwenden, wollen wir versuchen, noch einmal die „Hierarchie die Todes“ aufzunehmen. Von Hierarchie spricht man immer dann, wenn eine bestimmte Rangordnung erkennbar ist. Es ist äußerst wichtig, daß wir uns in bezug auf den Tod über unsere eigenen hierarchischen Gesetze Klarheit verschaffen. In Gesprächen mit Studenten, Bekannten, betroffenen Angehörigen, Mitgliedern besonderer Berufsgruppen oder auch mit dem Friedhofpersonal höre ich sehr unterschiedliche Reaktionsweisen auf unterschiedliche Sterbefälle. Jeder beurteilt die Situation nach seinen Kriterien. Die Ermordung eines 10jährigen Kindes löst andere Emotionen aus als der Tod eines Drogensüchtigen. Schon wird der Tod verschieden bewertet; das heißt, eine erste hierarchische Definition ist gemacht. Ich bin fest davon überzeugt, daß wir diese inneren Rangordnungen auch auf die Behandlung der direkten Angehörigen übertragen. Ich habe versucht, die Elemente, die uns eine Hierarchie ermöglichen, zusammenzutragen:

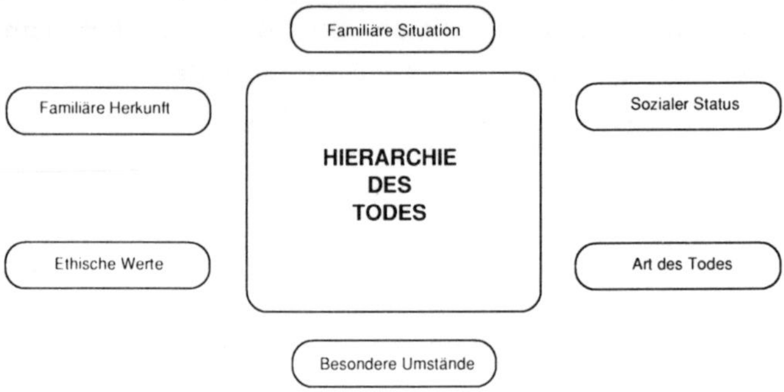

Figur 27: Hierarchie des Todes

Diese Elemente möchte ich im folgenden inhaltlich anreichern. Viele Automatismen in unseren Denkprozessen verhindern eine objektive Beurteilung. Wir lassen uns von unseren Emotionen leiten und neigen leicht zu Vorurteilen. Diese Grundhaltungen werden in jeder Diskussion sichtbar, egal um welches Thema es sich handelt. Im Bereich des Todes und der Auseinandersetzung mit den Angehörigen haben diese Reaktionsweisen jedoch Konsequenzen. Zum einen lassen sie uns im Reigen der Spekulationen mitmachen, und zum andern verkennen wir oft die Tragweite des Todes, da wir aufgrund unserer mosaikartigen Denkweise die Ganzheitlichkeit vernachlässigen.

4.3.1 Familiärer Status

Ich denke hier in erster Linie an die intra- und exfamiliäre Situation des Verstorbenen. In diesen Bereich gehören:
— Zivilstand (verheiratet, getrennt oder geschieden);
— Position in seiner eigenen Familie (intrafamiliäres Koalitionsmuster, Einzelgänger);
— Rolle und Funktion, die der Patient in seiner Familie ausübte;
— Art seines familiären Erscheinungsbildes nach außen (sichtbarer Umgang mit seinen Angehörigen);
— seine momentane Situation;
— Informationen über den Verstorbenen (oft über Jahre hinweg gesammelt), die ihn im Kontext seiner Familie charakterisieren.

Die Intimität der eigenen Familie läßt allen Mitgliedern einen nicht näher definierbaren Rahmen an gegenseitiger Kontrolle offen. Die einzelnen Beobachtungen dringen oft nach außen. Gerade in der Pubertät suchen Jugendliche außerhalb der Familie nach tragfähigen Beziehungen. Solche Vertrauenspersonen sind dann oft besser über die Ereignisse zu Hause orientiert, als es den Eltern lieb ist.

MERKPUNKT

- Die im Laufe der Zeit gespeicherten Beobachtungen und Informationen über die familiäre Situation des Verstorbenen werden zu einem wichtigen Baustein in der Beurteilung seines Lebens.

4.3.2 Familiäre Herkunft

Interessant zu hören ist, wie versucht wird, Menschen in bestimmten, herkunftsorientierten Bildern zu sehen. Man interessiert sich brennend für die Biographie des einzelnen, seine schulische Entwicklung und seine schichtspezifische Zuordnung. In diesen Bereich gehören demnach folgende Elemente:

- Schichtzugehörigkeit (soziologische Definition),
- Besitz (materielle Definition),
- Bildungsstatus (Handwerker/Akademiker),
- Beruf des Vaters,
- gesellschaftlicher Status der Eltern,
- militärische Einteilung und Grad.

Obwohl die Nachkommenschaft an den sozialen Errungenschaften ihrer Vorfahren nicht beteiligt gewesen ist, wird sie trotzdem danach gemessen. Nachkommen einer Arbeiterfamilie werden im sozialen Gefüge strenger bewertet oder beurteilt als die Nachkommen einer Oberschichtfamilie. Die familiäre Herkunft spielt eine bedeutend stärkere Rolle, als wir wahrhaben wollen. So fragen viele nicht nach der inneren Einstellung, den Hobbies oder anderen Werten, die für die Gesellschaft keinen meßbaren Charakter haben. Es interessieren in erster Linie die harten Fakten, aus denen weitere Bausteine in der Beurteilung einer Person gewonnen werden.

MERKPUNKT

- Die sozialen Daten der Herkunftsfamilie begünstigen oder beeinträchtigen das Lebensbild des Verstorbenen.

4.3.3 Sozialer Status

Dieser ist nun direkter vom Verstorbenen abhängig. Er beinhaltet eine ganze Liste von Eigenheiten, die den Toten beschreiben:

— Sein Beruf (Im gesellschaftlichen Kontext herrscht eine strenge hierarchische Rangordnung der Berufe. Der Verstorbene wird an dieser recht einschneidenden Einstufung gemessen),
— sein gesellschaftlicher Bezug (öffentliches Engagement),
— seine Integration oder Desintegration,
— seine Isolation oder Aktivität,
— seine Vitalität,
— Loyalität/Illoyalität.

In diesem Bereich erarbeitet sich man zu Lebzeiten Anerkennung, soziales Prestige und eine nicht unbedeutende gesellschaftliche Position. Beruf und politische Ämter garantieren von vornherein einen bestimmten Status. Im ganzen Bereich der Freizeitgestaltung ist die Position des einzelnen jedoch abhängig von seinem persönlichen Engagement. Öffnet er sich nach außen, so wird ihm dies eine große Anzahl von Beziehungen mit entsprechender sozialer Anerkennung einbringen. Am gesellschaftlichen Leben wenig Interessierte werden von dieser Anerkennung nichts spüren. Im Wechselspiel der intrafamiliären Beziehungen sind diese Aktivitäten jedoch nicht unbedeutend. Ein in sozialer Hinsicht inaktiver Arbeiter wird anders bewertet als ein politisch engagierter Akademiker. Diese Bewertung wird auch auf die Angehörigen übertragen.

MERKPUNKT

- Der soziale Status des Verstorbenen und derjenige der Hinterbliebenen bilden wichtige Knoten im Netzwerk der sozialen Beziehungen und sind demzufolge für die Trauerbegleitung von Bedeutung.

4.3.4 Art des Todes

Im zweiten Kapitel habe ich erstmals darauf hingewiesen, wie wichtig für die soziale Umgebung die Art des Todes ist. In der Hierarchie des Todes spielt sie eine überaus starke Rolle. Je problematischer sie ist, um so schlechter wird sie eingestuft. Suizid, Drogen und Aids sind Todesursachen, die von weiten Teilen der Bevölkerung abgelehnt werden. Weniger als 5% der jährlichen Todesfälle gehören in diese Kategorie. Die soziale Umwelt zieht bei einem solchen Ereignis direkte Rückschlüsse auf die familiären Verhältnisse. Schuldfragen werden diskutiert, Angehörige für den Tod verantwortlich gemacht. Bei den sozial bedeutungsvolleren Todesursachen wie etwa Krankheit, Unfall oder Verbrechen (außer Beziehungsdelikten) reagiert das Umfeld bedeutend freundlicher und in jeder Hinsicht weniger verurteilend. Im Gegenteil, der Herzinfarkt eines Managers im besten Alter entspricht beinahe einem gesellschaftlichen Gütezeichen. „Mitten aus einem arbeitsreichen Leben . . .“ heißt es dann oft. Dieser Tod ist ein sozialisierter Tod, ein akzeptierter. Die Bewertung in der Hierarchie ist auch dementsprechend besser. Ähnliches gilt bei den Unfalltoten. Schon allein die Tatsache, daß die

Verursacher in der Regel mit recht geringen Strafen rechnen können, weist darauf hin, daß die breite Bevölkerung ein äußerst zwiespältiges Verhältnis zum Unfalltod aufweist. Viele wehren sich gegen eine Einschränkung der Mobilität und sind auch nicht bereit, Geschwindigkeitsbeschränkungen hinzunehmen. Jemanden mit dem Auto zu töten gilt als eine Art Kavaliersdelikt, das selbst in den besten Familien vorkommen kann.

MERKPUNKT

- In unserer Bewertung, in unseren emotionalen Empfindungen lassen wir uns von der Art des Todes leiten. Je gesellschaftlich akzeptierter der Tod ist, um so wohlwollender wird er beurteilt.

4.3.5 Besondere Umstände

Als besondere Umstände, die nicht unbedingt einem der anderen Parameter zugeordnet werden können, gelten:

— Alter des Verstorbenen (Je älter der Verstorbene gewesen war, um so „normaler“ ist sein Sterben; atypische Todesfälle wie jene im Kindesalter gelten gesellschaftlich als bedauernswerter),
— Zeitpunkt (Ein Tod ohne Voranmeldung beziehungsweise ohne Möglichkeit der Vorbereitung ist oft ein zwiespältiger Tod; er überrascht und verunsichert),
— Sterbeort (Alters-/Pflegeheim, Klinik, Straße, Wald, zu Hause),
— gewöhnlicher/außergewöhnlicher Tod (Ein Herzschlag

im Bett ist ein gewöhnlicher Tod, ein Herzschlag im Auto ist ein außergewöhnlicher Tod; bei gleichem Tod ergeben sich völlig verschiedene Umgangsformen),
— Katastrophe (Ein junger Drogensüchtiger, der bei dem Erdbeben von San Francisco ums Leben kommt, wird anders beurteilt als ein junger Drogensüchtiger, der in einer Bahnhoftoilette aufgefunden wird).

MERKPUNKT

- Das Puzzle unserer eigenen hierarchischen Struktur wird mit Informationen über besondere Umstände angereichert. Auch sie tragen bei zu einem Bild, in dem wir das Sterben und den Tod in qualitativer Hinsicht bewerten.

4.3.6 Ethische Werte

Die eigene Werthaltung werden wir nie verleugnen können. In all unseren Betrachtungsweisen sind unsere Normen – teils über Generationen hinweg gelebt – wichtige Bestandteile bei unserer Bewertung des Todes. Diese ethischen Werte sind keineswegs stabil. Sie hängen von sich gegenseitig bedingenden Elementen ab, die in sich selber und in ihrer zeitlichen Entwicklung wandelbar sind. Drei Dimensionen bilden die Grundmauern unserer ethischen Werte:
— Gesetzliche Normen
— Religiöse Normen
— Gesellschaftliche Normen.

Die Rechtsordnung definiert die Normen des Zusammenlebens, für deren Einhaltung der Staat sorgt. Eine solche Definition wird aufgrund unzähliger kleiner Erfahrungen getroffen und letztlich in Form eines Gesetzes als allgemeingültige Norm deklariert. Recht und Gesetz verhindern, daß unsittliches Verhalten sich wiederholen kann. Sie regeln also zukünftige Verhaltensweisen und setzen damit neue Normen. Der Interpretationsspielraum ist dementsprechend klein. „Das Recht unterscheidet sich von der Moral insbesondere dadurch, daß seine Einhaltung erzwungen wird, während man die Regeln der Moral vermeintlich ungestraft übertreten kann“ [28].
Die religiöse Definition ist keineswegs so klar, wie sie nach außen erscheint. Sie ist massiv von Formen abhängig, die je nach Konfession sehr unterschiedlich sein können. Religiöse Inhalte bilden einen großen Teil der Moral, die andererseits aber auch stark von gesellschaftlichen Einflüssen abhängig ist. Moralische Einstellungen erfahren ständige Veränderungen, Erneuerungen oder Renaissancen. Obwohl die Leitlinien starr und stabil sind, ist deren Anwendung oft experimentell, entwickelnd oder sogar ausbrechend. Die Bandbreite ist derart groß, daß viele Verhaltensweisen möglich sind und sich nur wenige voll und ganz mit den Bestimmungen decken. Im zwischenmenschlichen Bereich werden immer wieder religiöse Fragmente sichtbar, die zu wichtigen ethischen Komponenten werden.
Die gesellschaftliche Definition ist ihrerseits stark abhängig von den aktuellen Ereignissen und führt auch dazu, daß sie wesentlich flexibler erscheint als die anderen. Lebensformen können in Umgehung der gesetzlichen Bestimmungen experimentell gelebt werden. Der Gesetzgeber reagiert träge, benötigen Gesetzesrevisionen doch enorm viel Zeit. Dennoch kann es im gesellschaftlichen Kontext zu turbu-

lenten kontradiktorischen Auseinandersetzungen kommen, bei denen der möglich scheinende Spielraum der Pole auch voll ausgeschöpft wird. In dieser Bandbreite ist eine Fülle von Verhaltensweisen möglich, die eben geprägt sind vom allgemeinen, persönlichen, politischen, religiösen oder weltanschaulichen Bild des einzelnen.

Wir beziehen nicht einfach ethische Werte. Vielmehr hängen sie von klar definierten Positionen ab, tragen in sich jedoch einen großen Spielraum an Flexibilität. Das führt dazu, daß jeder in sich ein eigenes grobes Bild einer Hierarchie des Todes trägt. So ist Suizid nach wie vor eine gesellschaftlich geächtete Form des Todes, da er gesetzlich schlechter gestellt und religiös ablehnend bewertet wird. Man spricht ja oft von Selbstmord, das heißt Mord an sich selber. Mord ist aber ein äußerst schwerer Straftatbestand. Nun erscheint nicht jede Selbsttötung als ein Suizid. Wenn jemand mit überhöhter Geschwindigkeit über eine kurvenreiche und gefährliche Straße rast und dabei die Kontrolle über sein Auto verliert, dann erleidet er einen Unfall. Stirbt er dabei, dann stirbt er offiziell an einem Unfall, auch wenn er damit beabsichtigt hat, sich selber zu töten, und dies auch erfolgreich bewerkstelligte. Bei Suizid werden Versicherungsleistungen zurückhaltend geleistet. Versteckte Suizide – also unklare Todesfolgen – haben jedoch keine derartigen finanziellen Folgen. Die Konsequenz ist, daß derjenige, der nicht ehrlich zum Suizid steht, ihn also vertuscht, den Angehörigen einen sehr großen Dienst erweist. Zum einen hat die Familie keinen Selbstmord in ihren Reihen zu beklagen (nach außen), und zum andern erhält sie die vollen Versicherungsleistungen. Über einen Unfall zu reden ist nicht nur angenehmer, sondern sozial auch akzeptierter, als über einen Suizid zu reden.

Merkpunkt

- Bei einem Todesfall wird eigentlich immer sofort nach der Art des Todes gefragt. In zweiter Linie interessieren die Umstände, dann der soziale Status, die familiären Konstellationen und schließlich bastelt man das Bild der eigenen Hierarchie. Und dieses Bild ist für die Begegnung zwischen der sozialen Umwelt und den Angehörigen von größter Bedeutung.

Mit unserer Bewertung des Todes bewerten wir auch die Angehörigen! Je besser das Todesereignis eingestuft wird (normale Todesart, hoher sozialer Status, gesellschaftlich integre familiäre Verhältnisse, keine besonderen Umstände), um so größer ist die primäre Anteilnahme. Je schlechter das Todesereignis bewertet wird (außergewöhnlicher Tod durch Suizid/Drogen/Aids, geringer sozialer Status wie arbeitslos/kriminell, schlechte familiäre Verhältnisse und besondere Umstände wie Bahnhoftoilette oder Alter), um so kleiner ist die primäre Anteilnahme.

Aufgabe

Lesen Sie die nachfolgenden Beispiele durch und achten Sie auf Ihre Empfindungen. Bewerten Sie das Ereignis:

Beispiel A: Eine 46jährige Frau ist am Mittwochabend bei einem Verkehrsunfall ums Leben gekommen. Die Frau saß als Mitfahrerin im Personenwagen eines 42jährigen Lenkers. Der Mann verlor plötzlich die

Herrschaft über das Fahrzeug. Er geriet auf das rechte Trottoir, überquerte die Fahrbahn und stellte sich quer vor einen korrekt entgegenkommenden Personenwagen. Die 46jährige Mitfahrerin war auf der Stelle tot. Beide Lenker mußten mit schweren Verletzungen ins Spital gebracht werden. Beim schuldigen Fahrer ist eine Blutprobe angeordnet worden.

Beantworten Sie folgende Fragen:

1. Was löst diese Meldung bei Ihnen aus?
2. Was denken Sie über die getötete Frau?
3. Was denken Sie über den Fahrer?
4. Beurteilen Sie nach folgender Skala:
   tragisch – sehr schlimm – schlimm – Pech gehabt – selber schuld

Beispiel B: In W. ist am Donnerstagnachmittag eine noch nicht identifizierte Frau von einem Unbekannten niedergestochen und schwer verletzt worden. Die Frau wurde kurz vor 16 Uhr am Strandweg mit mehreren Messerstichen am Körper aufgefunden. Der Täter hat seinen Angriff in offensichtlicher sexueller Absicht verübt. Vom Täter fehlt jede Spur.

Beantworten Sie folgende Fragen:

1. Was löst diese Meldung bei Ihnen aus?
2. Was denken Sie über das Opfer?
3. Was denken Sie über den Täter?
4. Beurteilen Sie nach folgender Skala:
   tragisch – sehr schlimm – schlimm – Pech gehabt – selber schuld

Bewerten Sie gleich, oder finden Sie Unterschiede? Wo liegen diese? Warum gibt es Ihrer Meinung nach Unterschiede? Erklären Sie sich diese!

4.3.7 Der Abschied der Angehörigen

Für die Angehörigen beginnt einige Tage oder Wochen nach dem Tod der eigentliche schmerzvolle Prozeß des Abschiednehmens. Mit Figur 22 habe ich schon auf einen Umstand hingewiesen, der vor allem die Nähe und Distanz zweier Menschen zueinander betrifft. Mit dem Tod eines Menschen werden noch andere Elemente der Zweierbeziehung tangiert, die in ihrer Tragweite oft nicht erkannt werden. Die nachfolgende Auflistung soll einige dieser Elemente inhaltlich beschreiben, in der Hoffnung, daß jeder die persönlich gelebten und nur in seinen Beziehungen vorkommenden Elemente hinzusetzt:

— Jedes Familienmitglied erhält *Kompetenzen,* im Rahmen derer es sich mehr oder weniger frei bewegen kann. Die daraus resultierenden *Verantwortlichkeiten* (Ämter, interne Arbeitsorganisation) sind festgelegt, wenn nicht explizit, so doch stillschweigend. Die *Entscheidungsprozesse* verlaufen in bekannten und relativ geordneten Bahnen oder Strukturen. Die lange Geschichte der Zusammengehörigkeit verrät *Gewohnheiten,* die den Umgang untereinander verständlich machen. Es entstehen dadurch *Selbstverständlichkeiten,* die nicht erst in mühsamen Prozeßschritten erarbeitet werden müssen, sondern als gegeben vorausgesetzt werden. Oft sind es undefinierte, aus der Tradition heraus gewachsene Inhalte.

Aufgabe der Angehörigen:
Die intrafamiliären Angehörigen haben sich innerhalb ihrer Struktur *neu* zu organisieren. Bisher gelebte Konventionen und Automatismen entfallen.

— Die Entwicklung der Familie ermöglicht jedem Mitglied, in einem bestimmten Maß deren *Inhalt mitzugestalten*. Durch die Erfahrung weiß man, wer wieviel zum Wohle der Familie beisteuert. Man kennt das Band der *Empfindung* und den dazugehörenden *Grenzbereich*. Die Anwesenheit des Familienmitgliedes prägt die *familiäre Atmosphäre*. Spannungen steigen, Traurigkeit oder Fröhlichkeit macht sich breit, Ernsthaftigkeit zeigt sich, Gehässigkeiten oder Unverträglichkeiten werden sichtbar usw.

Aufgabe der Angehörigen:
In emotionaler Hinsicht prägt die Lücke den zukünftigen Lebensinhalt. Die Angehörigen müssen lernen, mit diesen sich täglich zeigenden Lücken umzugehen.

— Jede Beziehung zeichnet sich durch ihre *Intimität* aus. Intimität beschränkt sich nicht auf die Sexualität, sondern betrifft auch die Beziehungen außerhalb der Sexualität. Diese Form von Intimität ist ausschließlich in der Zweierbeziehung feststellbar, darf indes nicht nur auf die Ehe beschränkt werden:
— Das Kennen der geheimen Ausdrucksweisen,
— intime Kommunikation (verbale Zärtlichkeiten),

— verschlüsselte Kommunikation (verbale/nonverbale kommunikative Hinweise),
— intime Handlungen (nonverbale Zärtlichkeiten).

Aufgabe der Angehörigen:
Der Verlust der Intimität der Zweierbeziehung ist nie wieder gutzumachen. Die Angehörigen verlieren mit dem Partner auch einen wesentlichen Teil ihrer in langer Zeit gewachsenen ureigenen Intimität.

— Wohl werden die familiären *Werte* in ihren Grundformen festgelegt, sie bleiben indes zeit des Lebens variabel. Das heißt, zwischen den beiden Polen *Loyalität/Illoyalität* steht immer ein gewisser Spielraum zur Verfügung. Die Palette reicht von Aufrichtigkeit, Treue, Ergebenheit, auf gleicher Linie lebend bis hin zu Untreue, Unehrlichkeit, Abtrünnigkeit. Das sich daraus entwickelnde *Selbstverständnis* zueinander bestimmt den tolerierbaren Spielraum und markiert auch die Grenzbereiche. Man kennt die Grenzen und respektiert sie. Die Übertretungen oder auch Entwertungen führen später oft zu *Schuldgefühlen.* Äußerungen wie: „Hätte ich doch . . .“ oder „Wäre ich doch . . .“ weisen darauf hin, daß Verfehlungen gesehen werden, die nach außen als Bagatelle erscheinen, für den einzelnen jedoch von allerhöchster Wichtigkeit sind. In der Familie oder im Paar herrschen klare *Zuordnungen* nach eigenen Gesetzmäßigkeiten. Die Mitglieder müssen sich darauf verlassen können, wollen sie ein gemeinschaftliches Leben führen.

Aufgabe der Angehörigen:
Sie werden sich vor allem schwertun mit den Zeiten

der Illoyalität im Leben, mit denen sie sich von nun an auseinandersetzen müssen. Schuldgefühle lassen auf Schuld schließen, und von dieser kann sich nur der einzelne selber freisprechen.

— Sowohl die Zweierbeziehung als auch das Familiensystem besitzen ein extrafamiliäres Bezugsnetz. Jedes einzelne Mitglied lebt eigene Beziehungen. Die *Integration* des Paar- oder Familiensystems ist abhängig von deren Aktivität. Ganz Systeme oder auch nur Teile davon können in einer gesellschaftlichen *Isolation* stecken. Schon vor dem Tod erscheinen diese Verbindungen zwielichtig. Die Anteilnahme anderer wird oft als voyeuristischer Akt und wenig echt empfunden. Sie braucht nämlich viel Zeit und Geduld; sie hat sich ganz nach den Bedürfnissen der Angehörigen zu richten.

  Aufgaben der Angehörigen:
  Die Angehörigen müssen lernen, in einer Welt zu leben, in der eine wichtige Bezugsperson nun fehlt. Ein Paar ist kein Paar mehr.

Alle diese Teilbereiche sind vorgängig nicht definierbar. Erst in den Wochen nach dem Tod werden über viele kleine Enttäuschungen sehr schmerzhafte Stationen erlebt, die mit dem Todesfall zu tun haben und die nun die entstandene Unvollständigkeit in aller Deutlichkeit zeigen. Solche schmerzhaften Aussagen können lauten:

— „Du wirst sicher wieder einen andern lieben Mann finden."
— „Habe nur Mut und Vertrauen, deine Trauer wird schon kleiner werden."

— „Seit dein Mann tot ist, ist es einfach nicht mehr dasselbe, wenn du zu uns auf Besuch kommst."
— „Suche dir doch wieder einen Mann!"
— „Es ist gut, daß du noch jung bist; so kannst du ja noch mehr Kinder haben."
— „Deine Trauer ist reines Selbstmitleid und barer Egoismus."
— „Dein Mann war gar nicht so, wie du ihn darstellst."
— „So, Mutter, jetzt kannst du endlich reisen, wohin du willst, und brauchst nicht mehr auf den Vater Rücksicht zu nehmen."
— „Es ist dem jungen Menschen ja gutgegangen. Wer weiß, was ihm durch den frühen Tod erspart geblieben ist."

Diese Liste könnte endlos fortgesetzt werden. Fast bei jedem Kontakt nach außen gibt es Redewendungen, auf welche die Angehörigen äußerst sensibel und teilweise massiv verletzt reagieren. Oft jedoch bleiben diese für die Außenwelt verborgen. Man spürt erst, daß etwas nicht stimmt, wenn sich die Angehörigen zurückziehen. Nur weiß man in der Regel nicht die Gründc dafür.

Die Angehörigen beginnen an allen Fronten zu kämpfen. Dieser Kampf ist nicht sichtbar, weil er aufgrund des tragischen Ereignisses eigentlich gar nicht stattfinden dürfte. Man ist ja noch in Trauer! Menschen in Trauer sind doch angeblich so hilfsbedürftig. Beginnt sich jemand nach außen oder nach innen abzugrenzen, dann entsteht oft der Eindruck, daß die betreffende Person die Hilfsangebote zurückweist, undankbar ist oder gar helfende Beziehungen ablehnt. Ich begreife Angehörige, die nicht in ihrer Trauer getröstet werden wollen, sondern ihretwegen angesprochen werden möchten.

Folgende Fronten brechen auf:

— Die intrafamiliäre Organisation erfährt Änderungen; sie fordert wegen der entstandenen Lücke vermehrtes Engagement der einzelnen Mitglieder. Jedes wird sich abgrenzen wollen, um nicht automatisch oder zwingend weitere Verantwortlichkeiten übernehmen zu müssen. Je nach Koalitionsmuster sieht die Trauer der einzelnen unterschiedlich aus. Jedes Familienmitglied trauert auf *seine Art,* in *seiner Intensität* und beansprucht die notwendige *Dauer,* um mit der Trauer leben zu können. Alle diese Elemente sind abhängig von der Stärke der Beziehung zum Verstorbenen. Dies hat zur Konsequenz, daß Art, Intensität und Dauer sehr unterschiedlich sein können und vermutlich kein Mitglied der Familie zum gleichen Zeitpunkt am gleichen Ort steht. Über die individuellen Trauerreaktionen, deren Stadien und deren Probleme verweise ich auf die vorhandene Literatur. Das System Familie kann sich in dieser Phase unmöglich selber und allein stützen.
— Die extrafamiliären Bezugsfelder unterscheiden sich sowohl in ihrer Qualität als auch in ihrer Quantität. Je mehr Kontakte nach außen vor dem Tod gelebt wurden, um so eher werden diese Kontakte nach dem Tod aktiviert werden können. Die Qualität hängt sehr von dem ab, was der einzelne in solche Außenbeziehungen investiert. In einer ersten Phase werden diese Beziehungen getestet; das heißt, man versucht herauszufinden, welche Bezugspersonen tatsächlich belastet werden können. Hier trennt sich die Spreu vom Weizen. Viele möchten gerne, aber nur wenige sind dazu in der Lage. Auf diese nüchterne Feststellung stoßen alle Trauernden. Die Zahl der Außenkontakte wird sich bald auf ganz wenige reduzieren. Diese bittere Erfahrung addiert sich zum Schmerz des Verlu-

stes durch Tod. Je geringer der Sozialkontakt vor dem Tod war, um so kleiner wird die Palette der Auswahlmöglichkeiten. Ich habe mehrfach erlebt, daß Angehörige mit wenig Beziehungen einige Wochen nach dem Tod *keine* Außenbeziehungen mehr lebten.

MERKPUNKTE

- Nach dem Tod steigen die intrafamiliären Spannungen, da die bisherigen Koalitionen aufbrechen und sich einzelne Familienmitglieder von den andern distanzieren oder zurückziehen. Sie fühlen sich gegenseitig unverstanden.
- Nach dem Tod verändern sich die Beziehungen zur sozialen Umwelt, da nur wenige wirklich bereit sind, Angehörige zu begleiten. Je weniger Sozialkontakte gelebt wurden, um so geringer wird deren Potential.

4.3.8 Der Streit mit Gott

Nicht jeder Todesfall löst von selbst intensive Zwiegespräche mit Gott aus. Sie sind nicht abhängig vom Alter des Verstorbenen. Vielmehr wird sichtbar, daß die Größe des Verlustes an der Intensität der Beziehung zu messen ist. Ein 80jähriger Mann, der seine 78jährige Frau verliert, kann auf Gott genauso wütend sein wie eine junge Mutter, die ihr Kind verloren hat. Gerade die älteren Paare sind sehr häufig eng aufeinander fixiert und leben eine gegenseitige starke Abhängigkeit. Vielfach ist der Überlebende allein recht hilflos und fühlt sich ohne den Partner verloren. Diese Zwiesprache ist auch nicht abhängig von der Religiosität der Hinterbliebenen. So können Atheisten genauso gegen Gott schimpfen und wegen der erlittenen Ungerechtigkeit hadern, wie dies gläubige Christen eben auch können.

In den Therapien erhält dieser Umstand eine ganz besondere Note. Die Wut gegen Gott ist ein wesentlicher Bestandteil der Verarbeitung der Aggressionen der Hinterbliebenen. Sie wehren sich gegen die erfahrene Ungerechtigkeit, gegen die als solche empfundene Strafe, die sie nun durch Gott erhalten haben und deren Sinn niemand einsieht. Folgende Aussagen sollen diese deutlich machen:

— „Warum hat er uns auseinandergerissen? Andere betrügen sich gegenseitig nach Strich und Faden, leben aneinander vorbei, und wir hatten eine so tolle und herzliche Beziehung.“
— „Ich zweifle sehr an der Gütigkeit dieses Gottes, der mir so herzlos und unbarmherzig dieses Leid zugefügt hat.“
— „Ich weiß, daß man mit Gott nicht hadern darf, aber ich bin wütend auf ihn, weil er mich so maßlos im Stich gelassen hat.“
— „Gäbe es einen Gott, dann hätte er es nicht zugelassen, daß unser Kind von diesem Unhold sexuell mißbraucht und ermordet worden wäre. Es gibt keinen Gott, der so etwas zuläßt.“

Die vielen Anklagen gegen Gott, die laut werden, trägt jeder in sich, und sie beschäftigen ihn auch lange Zeit. Sie sind Ausdruck einer tiefen inneren Verzweiflung und Ratlosigkeit. Oft werden diese aggressiven Phasen verkannt und wird den Angehörigen deutlich gemacht, sie dürften nicht gegen Gott klagen. „Man macht das nicht!“ heißt es

dann oft. Damit will man ihnen wohl sagen, daß sie sich gegen Gott versündigen, wenn sie so über ihn reden.
Mit wem streiten wir eigentlich? Doch nur mit jemandem, der uns noch etwas bedeutet. Mit jenen, von denen nichts mehr erwartet wird, die einem gleichgültig geworden sind, mit diesen streitet niemand mehr. Man geht ihnen aus dem Weg, ignoriert sie oder beachtet sie nicht mehr. Sind die Differenzen so groß geworden, daß man sich auseinandergelebt hat, so wird man keine unnötigen Kräfte mehr verbrauchen und das Kapitel beenden. Streitet jemand mit Gott, so heißt das, daß er von Gott noch etwas erhofft, erwartet oder sich wünscht. Gott ist ihm somit nicht gleichgültig. Durch den Tod erscheint Gott mit einem völlig anderen Gesicht. Er ist nicht mehr der gütige, liebende, zärtliche Lenker unseres Schicksals. Diese Qualitäten werden ihm zugerechnet, wenn es uns gutgeht. Geht es uns jedoch schlecht, dann werden ihm die gegenteiligen Eigenschaften angelastet. Er erscheint als der strafende, böse, quälende und ungerechte Gott. Nur wenn dieser Konflikt zugelassen und auch ausgetragen wird, kann sich die Haltung des Betroffenen ändern. In der Trauerauseinandersetzung ist diese Station besonders wichtig, da durch das Hadern und Klagen gegen Gott die Aggressionen, die die Angehörigen in sich tragen, nach außen gelangen. Sehr oft helfen die Seelsorger dabei ungewollt durch ihre mangelnde Präsenz.

Beispiel 39: Nach der Beerdigung versprach der Pfarrer der 43jährigen Witwe und Mutter von zwei schulpflichtigen Kindern, sie in „den nächsten Tagen“ zu besuchen. Der Besuch erfolgte sechs Monate später, aber nicht wegen ihr, sondern wegen der bevorstehenden Konfirmation des ältesten Kindes. Als sie an den nächsten Weihnachten vom Pfarrer einen Blumenstrauß erhielt, warf sie ihn ihm vor die Füße mit der Bemerkung, sie brauche keine Almosen. Er habe sie über ein Jahr lang sträflich allein gelassen. Sie hätte seine Hilfe gebraucht, er aber habe es nicht für nötig empfunden, die damaligen Versprechungen einzuhalten. Sie sei maßlos enttäuscht. Dann schlug sie die Türe zu.

Ich glaube nicht, daß die Seelsorger in der Phase nach dem Tod den Angehörigen gegenüber mehr Fehler begehen als andere. Nur werden ihre Handlungen völlig anders bewertet und beurteilt. Oft steht die Bewertung auch in direktem Zusammenhang mit der häufig stillen inneren Auseinandersetzung mit Gott. Spürt dies ein Pfarrer nicht, dann wird sein Versuch, mit den Angehörigen zu beten, völlig fehlschlagen. Spürt er den inneren Zwiespalt und läßt er diesen auch zu, dann können diese Zweifel an der Güte Gottes und all die Haßgefühle auch ausgesprochen werden. Kein Seelsorger muß sich dafür rechtfertigen. Seine Aufgabe ist es einfach, in dieser Phase präsent zu sein, den Hader zuzulassen und den Angehörigen keine Schuldgefühle einzureden.

5. Wünsche und Bedürfnisse der Angehörigen

Der Tod macht sprachlos, stumm. Dies drückt sich in mancherlei Hinsicht aus. Oft weiß man nicht, was man sagen, wie man reagieren soll. Man ist versucht, sich zu drücken, sich zurückzuziehen. Die Sprache als Instrument zwischenmenschlicher Verständigung findet keinen Einsatz. Es entsteht ein Vakuum. Den Angehörigen gelingt es oft nicht, das auszusprechen, was sie in sich spüren, was sie denken, was sie brauchen, was sie dringend nötig hätten. Die soziale Umwelt, gefangen in ihrem eigenen System der Ohnmacht und Hilflosigkeit, weiß oft nicht, wie die Sprachlosigkeit überwunden werden könnte. Die wildesten Phantasien kommen auf, verändern in der konkreten Situation jedoch nichts.

Sprachlosigkeit ist ein verheerender Zustand. Dieser hat nicht nur mit der Sprache als verbalem Ausdruck zu tun. Sprachlosigkeit entsteht auch im nonverbalen Bereich. Das Reden, Denken, Fühlen und Handeln wird auf beiden Seiten nicht transparent gemacht. Wünsche, Bedürfnisse, Erwartungen, Vorstellungen und Phantasien werden in den einzelnen Köpfen zusammengebraut, bleiben jedoch darin verborgen, nach außen unsichtbar. Diese Tendenz zeichnet sich schon vor dem Tod ab. Je näher das Ereignis heranrückt, um so stummer wird man. In den letzten Tagen im Leben eines Schwerkranken schleicht sich oft erdrückende

Stille ein. Ein Warten macht sich breit. Der sozialen Umwelt bleibt dies nicht verborgen. Sie respektiert den Zustand und verhält sich abwartend. Und so beginnt ein verhängnisvoller Prozeß zwischen den Angehörigen und ihrer sozialen Umgebung. Das verborgene gegenseitige Abtasten führt zu Fehlinterpretationen, die sich leicht zu einer großen Distanz entwickeln können.
Die Angehörigen unterliegen zwei verschiedenen Phänomenen:

— Zum einen wollen sie gutgemeinte Hilfen und Ratschläge nicht einfach in den Wind schlagen. Sie sind in ihrer vermeintlichen Abhängigkeit auf Unterstützungen angewiesen und möchten jene, die ihnen diese Zuwendungen anbieten, nicht zurückweisen. Zum andern beanspruchen sie, auch in dieser Lebenssituation eigenständig entscheiden zu können. Der Zwiespalt liegt darin begründet, daß sie bei einer Rückweisung den Verlust der Beziehung riskieren müssen. Da sie jedoch auf diese Beziehungen angewiesen sind, übernehmen sie die Hilfsangebote dankend, obwohl sie inhaltlich möglicherweise nicht den Bedürfnissen entsprechen.

Beispiel 40: Eine Sozialarbeiterin organisierte für ein Elternpaar, welches ein 3jähriges Kind an Leukämie verloren hatte, einen Kinderhütedienst, damit die Eltern einen Abend pro Woche Zeit für sich selbst beziehungsweise für sich als Paar zur Verfügung erhielten. Diese an sich sehr gute Idee führte jedoch beim Paar zu einer dramatischen Situation. Am ersten Abend gingen sie ins Kino. Am zweiten Abend aßen sie eine Pizza in einem Restaurant, und eine Woche später wußten sie nicht mehr, was sie

mit diesen freien Abenden anfangen sollten. Zwei Monate nach dem Tod ihres Kindes spürten sie eine derart große und brutale Distanz zueinander, daß sie nicht einmal mehr in der Lage waren, mehrere Stunden gemeinsam zu gestalten.
Im Gespräch mit den Eltern erfuhr ich anschließend, daß beide vor diesen Abenden sehr Angst hatten. Das Hilfsangebot stimmte nicht mit ihren Bedürfnissen überein. Seit mehreren Monaten hatten sie keine freien Abende mehr erlebt. Wie sollten sie plötzlich solche gestalten können, wenn sie dies verlernt hatten und gleichzeitig auch in ihrer Trauer an einem je unterschiedlichen Ort standen? Jeder hatte für sich völlig andere Bedürfnisse, aber niemand wußte das.

— Zum andern wissen die Angehörigen oft selber nicht, was sie eigentlich wollen oder benötigen. Sie sprechen sich nicht aus, weil verschiedene Faktoren ungeklärt sind. In erster Linie haben sich die direkt Betroffenen in ihrem Familiensystem neu zu formieren. Der durch die Lücke entstandene Platz wird unter ihnen gefüllt. Dieser Prozeß läuft oft nicht kampflos ab. Ferner steht fest, daß die unmittelbare Trauerreaktion sehr von der Intensität der Beziehung abhängig ist. Sichtbar nach außen wird lediglich, daß jedes Familienmitglied individuell auf den Tod reagiert. Schon diese Tatsache führt zu enormen Spannungen, hat doch meistens der Koalitionspartner des Verstorbenen das Gefühl, die andern seien gar nicht so richtig traurig. In dieser vergleichenden Auseinandersetzung „geht das Leben weiter“, wie Außenstehende oft gedankenlos feststellen. In diese Phase hinein kommen Vorschläge, Ratschläge, Gedanken und Angebote, die von den

Angehörigen gar nicht aufgenommen werden können, wollen sie ehrlich sein. Jedes Familienmitglied hat individuelle Bedürfnisse und wird erst lernen müssen, sich über die eigenen Wünsche klar zu werden.

Beispiel 41: Eine Seelsorgepraktikantin wird zu einer jungen Frau geschickt, deren Mann vor zwei Monaten ermordet worden ist. Die Umstände dieser Tat sind völlig unklar, obwohl der Mörder gefaßt werden konnte. Die Seelsorgerin, erschüttert von der Tragik dieser jungen Frau, beginnt sich zu überlegen, was ihr am ehesten helfen könnte. Alle ihre Vorschläge werden jedoch als undurchführbar zurückgewiesen. Je mehr Vorschläge zurückgewiesen werden, um so größer wird die Hilflosigkeit. Auf die Frage, was die junge Frau denn eigentlich wolle, kommt die einzig richtige Antwort, nämlich, sie wisse es selbst auch nicht.

Hat die Seelsorgerin den Mut, diese Situation anzuerkennen, so kann zwischen ihr und ihrer Klientin eine tragfähige Beziehung wachsen. Voraussetzung dazu ist, daß die Ohnmacht des „Nichtwissens“ ausgehalten werden kann.

Die Ideenproduktion der Außenstehenden verrät eine Aktivität, die mit der eigentlichen Lage der Betroffenen wenig zu tun hat.

MERKPUNKT

- Niemand muß für andere denken! Wir müssen lernen, die Wünsche und Bedürfnisse der Angehörigen zu erfragen und nicht zu erraten.

Ich lege wenig Wert darauf herauszufinden, ob eine Trauerreaktion passend ist oder nicht. Es steht uns nicht zu, über andere zu urteilen. Vielmehr sollten wir die Situation der Angehörigen ernst nehmen lernen und Wege suchen, die auf sie zuführen.
In vielen Gesprächen und Kontakten mit Angehörigen von Kranken, Sterbenden und Gestorbenen ergaben sich zwei Hauptrichtungen von Wünschen und Bedürfnissen, die sich unterscheiden lassen und die in der Begleitung nicht unwichtig sind. Dabei ist grundsätzlich von nachfolgenden Fakten auszugehen:

1. Jeder Angehörige hat eine besondere Form der Beziehung zum Verstorbenen gelebt. Seine Trauer kann mit der anderer Familienmitglieder keinesfalls identisch sein.
2. Jeder Angehörige unterscheidet sich von den andern in der Art der Trauer, die sehr individuell ist und mit seinem Temperament zusammenhängt.
3. Jeder Angehörige erlebt die Trauer in jener Intensität, die charakteristisch für die Intensität der Beziehung zum Verstorbenen gewesen ist.
4. Jeder Angehörige braucht so viel Zeit, wie er für richtig und angemessen betrachtet.

Die nachfolgende Unterteilung in allgemeine und besondere Wünsche und Bedürfnisse soll eine Begegnung mit Angehörigen erleichtern. Auffällig ist, daß viele von ihnen erst Monate nach dem Tod über ihre damaligen Wünsche und Bedürfnisse reden. Zum Zeitpunkt des Ereignisses finden sie oft weder Worte noch den Mut, offen und ehrlich darüber zu sprechen. Trauernde, die nichts formulieren, sagen damit nicht, daß sie keine Wünsche in sich tragen. Die Sprachlosigkeit des Ereignisses läßt sie vielmehr stumm und hoffnungslos werden. Ein altes Sprichwort sagt: „Stille Wasser gründen tief." Trauernde sind wie stille Wasser, meist mit ruhiger und unbewegter Oberfläche, aber unheimlich tief und in sich dunkel. Ihre wechselnden Stimmungsbilder tragen wenig zur Erhellung des tristen Alltags bei. Ob sie „zu Tode betrübt" oder zwischendurch auch „fröhlich und heiter" gestimmt sind – sie werden aus Angst, nicht verstanden zu werden, diese Gefühlsschwankungen nicht zulassen. Weinen sie, dann denkt man, sie seien immer nur traurig. Lachen sie, so denkt man, sie „haben den Schmerz überstanden". Trauernde können deshalb machen, was sie wollen, sie riskieren immer, daß ihr Verhalten mißverstanden ist.

5.1 Allgemeine Bedürfnisse und Erwartungen von Angehörigen

Aus allen Gesprächen hörte ich als hauptsächliches Bedürfnis den Wunsch heraus, verstanden zu werden. So einfach sich dies anhört, so schwierig ist es, dies auch wirklich zu tun. Die Gründe mögen vielfältig sein. Zu Beginn eines schlimmen Ereignisses (Diagnose, plötzliche Erkrankung, Sterben oder Tod) ist immer ein großes, meist jedoch nur kurzfristiges Verständnis vorhanden. Angehörige spüren oft die Bereitschaft anderer, sich in ihre Situation einzufühlen. Sie merken den guten Willen und den Wunsch, mit Rat und Tat behilflich zu sein. Dieses Verständnis dauert leider nur bei wenigen länger als einige Wochen. Viele, leider allzu viele, gefallen sich in einer voyeuristisch-momentanen Hilfsbereitschaft und möchten eigentlich nicht mehr erfahren als den „Stand der Dinge". Verstanden fühlen sich Angehörige dann, wenn sie sich getragen und gestützt wissen. Letztere Eigenschaften sind nicht in kurzen Begegnungen realisierbar. Notwendig ist vielmehr eine gehörige Portion von Durchhaltewillen und das Signalisieren der Bereitschaft, jederzeit zur Verfügung zu stehen. Angehörige unterscheiden zwischen plakativen („Die sagen das nur so . . .") und effektiven („Die meinen es wirklich so . . .") Hilfsangeboten. Zudem schaffen kleine Liebesdienste (einkaufen gehen, Kinder hüten, kleine Hilfen im Haushalt, Blumen bringen, Garten besorgen, ein Brieflein schreiben . . .) oft mehr Nähe als große theoretische Konzepte. Angehörige spüren bald, wer es „echt meint" und wer sich nur „des Anstands wegen" engagiert.

MERKPUNKT

- Angehörige haben das Bedürfnis, getragen, gestützt und verstanden zu werden, und zwar so lange, wie sie es für sich benötigen, und in der Art, wie sie es für sich wünschen!

Eine allmählich gewachsene Nähe kann zu tragenden Beziehungen führen. Angehörige sind selten in der Lage, freimütig nach außen Kontakt aufzunehmen. Sie sind mit dem Geschehen rund um sich herum zu sehr beschäftigt, als daß sie sich noch um andere oder um die Beziehungen zur sozialen Umwelt kümmern könnten. Um über ihre *Gefühle reden* zu können, ist ein Klima des Verständnisses, der Nähe und der Solidarität notwendig. Allzugerne lenken Angehörige von gefühlsbetonten Gesprächsinhalten ab. Sie beschäftigen sich viel lieber mit pflegerischen Handlungen („etwas tun wollen"), als sich Zeit zu nehmen und über ihre Gefühle der Trauer und Ohnmacht nachzudenken. Zur ganzheitlichen Begleitung gehört es, auch über die Gefühle sprechen zu können. Werden Angehörige animiert und ermutigt, diese als Teil ihres Prozesses zuzulassen, und fühlen sie sich auch gestützt, so werden sie davon Gebrauch machen. Über Gefühle redet man jedoch nur mit Menschen, denen man zutraut, auch negative oder aggressive Ausdrücke zu verstehen.

MERKPUNKT

- Angehörige sollen ermutigt werden, über ihre Regungen und Stimmungsschwankungen zu reden. Sie brauchen Gesprächspartner, zu denen sie Vertrauen haben können und denen sie auch diese Empfindungen zeigen dürfen.

Als größtes Übel im zwischenmenschlichen Umgang betrachte ich all die vielen Ratschläge und Wertungen, die immer wieder gemacht werden. Es vergeht kein Gespräch, in dem nicht Verhaltensweisen anderer kritisiert oder kommentiert werden. „Ich würde es so oder so machen", lautet oft die Devise. Möglicherweise zu Recht. Aber es handelt sich um andere Menschen mit anderen Sitten, Werten und Normen, die zunächst sich selbst und niemand anderem gegenüber verantwortlich sind.

MERKPUNKT

- Angehörige möchten nicht wissen, was sie falsch machen oder was sie anders machen sollten. Sie benötigen keine Ratschläge. Sie brauchen Gesprächspartner, mit denen sie sich auseinandersetzen können.

Diese offene und ehrliche Auseinandersetzung ermöglicht es nämlich auch, daß wir nicht von *einer* Trauerreaktion und *einer* Trauerphase ausgehen, sondern allen Angehörigen erlauben, *ihre* Trauer zu leben. Diese beginnt nicht erst nach dem Tod. Man verkennt oft, daß gerade in der langen Phase vor dem Sterben eine beträchtliche *Trauerarbeit* einsetzt, die oft gar nicht wahrgenommen wird. Sie kann nur zugelassen werden, wenn ein Netz von tragfähigen Beziehungen die Trauernden umspannt. Der Anspruch auf individuelle Trauer wird von jedem Angehörigen erhoben. Ich denke auch, daß jeder ein Recht darauf hat. Es stellt sich nur die Frage, wie die soziale Umwelt auf dieses Recht reagiert. Hier entdecke ich häufig gravierende Mängel im Umgang mit Trauernden. Man konzentriert sich zum Beispiel auf die Eltern, wenn ein Kind gestorben ist. Dabei vergißt man die Geschwister. Individuelle Trauer zulassen heißt, sich um alle Angehörigen kümmern.

MERKPUNKT

- Jeder Angehörige hat das Recht, seine individuelle Trauer zulassen zu dürfen, ohne zurückgewiesen, zurechtgewiesen oder gar in seiner Ausdrucksform kritisiert zu werden.

Im Gespräch über den Sterbenden oder den Verstorbenen hören wir immer, wie gütig, hilfsbereit, fürsorglich er gewesen ist. Dies mag durchaus stimmen. Aber eigentlich ist es gleich, ob er tatsächlich so gewesen ist oder nicht. Noch immer gilt der alte Grundsatz, daß „man nie Schlechtes über einen Toten" sagen soll. Dennoch gibt es genügend Ereignisse im Leben eines Menschen, die nicht so gut waren, wie sie in den Erinnerungen rückblickend erscheinen. Ob mit dem positiven Gespräch mögliche Schuldgefühle überdeckt werden oder nicht, ist ebenfalls gleichgültig. Wichtig ist, daß die Angehörigen einen Rahmen vorfinden, in dem sie frei von Wertungen auch über die *ambivalenten Gefühle* zum Verstorbenen reden können („Er hat mich einfach sitzengelassen und ist gegangen . . ."). In den Trauerreaktionen zeigen sich auch Wut und Zorn („Der hat es jetzt schön – und ich . . ."). Solche zwiespältigen Gefühle können nur dort ausgesprochen werden, wo der äußere Rahmen das auch zuläßt, ohne daß die Angehörigen befürchten müssen, sofort dafür verurteilt zu werden („Kaum ist er unter dem Boden, und schon reden sie schlecht über ihn . . .").

MERKPUNKT

- Angehörige haben das Bedürfnis, auch über zwiespältige Gefühle gegenüber dem Verstorbenen sprechen zu können.

Als wohl grundsätzlichstes Bedürfnis und wichtigste Erwartung habe ich aus allen Gesprächen den Wunsch gehört, Menschen um sich zu wissen, die *Zeit* haben. Begleitung von Angehörigen kann nicht zwischen Tür und Angel geschehen. Der Trauerprozeß ist individuell und in seiner Entwicklungsphase immer turbulent. Es kann gut sein, daß jemand recht gute „Fortschritte“ macht und plötzlich wieder „tief im Keller steckt“. Solche teils demoralisierenden Schwankungen müßten durch die nächste Umgebung aufgefangen werden können. Dies erfordert aber viel Einfühlungsvermögen und vor allem Zeit. Es ist wichtig, daß wir *Zeit haben* und uns auch *Zeit lassen.* Gerade dieser Faktor ist in der heutigen, gehetzten Lebensatmosphäre rar, in der die Menschen kaum einmal genügend Zeit füreinander haben. Angehörige von Kranken, Sterbenden und Gestorbenen passen nicht mehr in diese *zeitarme Zeit.* Ihre Uhren gehen anders, langsamer. Ihr Blick ist nicht in die Zukunft gerichtet, sondern sie trauern dem nach, was vergangen und nicht mehr korrigierbar ist. Und dafür lassen sie sich zwangsweise Zeit. Nur wenn wir unsere egoistischen Bedürfnisse zurückstellen und uns ganz auf die „Gangart“ der Angehörigen konzentrieren, werden wir für sie und für ihr Anliegen ruhig und schaffen damit eine Grundlage, die es ermöglicht, in schwerer Zeit nahe zu sein!

MERKPUNKT

- Angehörige sind auf Bezugspersonen angewiesen, die viel Zeit haben und sich auch viel Zeit nehmen. Sie wählen sich diese Personen aus. Oft sind es nur noch einige wenige.

5.2. Spezielle Bedürfnisse und Erwartungen von Angehörigen

Die im vorhergehenden Abschnitt aufgelisteten Erwartungen umreißen lediglich in großen Zügen, was an Wünschen und Bedürfnissen seitens der Angehörigen in vielen Gesprächen hörbar wurde. Es ist auch nicht nötig, sie im Detail aufzulisten. Vielmehr sollen die Hauptpunkte dargestellt werden, damit die Richtung der Bedürfnisse sichtbar wird. Jeder Trauernde hat auch hier das Recht auf individuelle Erwartungen, welche nur durch genaue Beobachtungen und durch großes Einfühlungsvermögen erspürt werden können. Anschließend an den Faktor *Zeit* zeigen sich nun Elemente, die eine adäquate Auseinandersetzung mit der Trauer überhaupt erst ermöglichen. Leider stelle ich immer wieder fest, daß die soziale Umwelt mit zunehmender zeitlicher Distanz zum Verstorbenen in eine Distanz zu den Angehörigen gerät. Einige wenige, kaum mehr als drei bis fünf Personen sind es letztlich, die treu zu den Angehörigen stehen und sie auch über die nächsten Stationen ihrer Trauer hinweg begleiten. Die Gefühlswelt der Angehörigen ist für die weitere Umgebung oft verschlossen, weil in der Zwischenzeit die Distanz wieder so groß geworden ist, daß erst bestimmte Hindernisse überwunden werden müssen, soll eine neue Verständigung ermöglicht werden. Angehörige erwarten für sich und ihre besondere Situation sehr viel Verständnis. Grundsätzlich ist immer davon auszugehen, daß jeder von ihnen sich in einer einmaligen, nicht wiederholbaren Lage befindet, die mit keinem anderen, noch so ähnlichen Ereignis vergleichbar ist. Für die Begegnungen mit ihnen heißt das, daß jedesmal diese spezielle Situation neu erfaßt werden muß. Angehörige erzählen Dutzende Male die gleichen Geschichten aus dem gemeinsamen Leben mit dem Verstorbenen. Ein Zuhörer hat meistens bald genug davon und wird das auch zu verstehen geben. Für den Betroffenen und seinen Trauerprozeß ist jedoch von größter Wichtigkeit, diese Erlebnisse immer wieder schildern zu können. Nur so kann er sich mehr und mehr auch an andere Trauerthemen wagen. Dieses Erzählen erscheint mir oft als ein lautes Denken. Ein Denken, bei dem einer zuhört. Der Angehörige erhält eine Rückmeldung des Gesagten. Er denkt nicht mehr nur für sich allein. Dieser enorm wichtige Schritt ermöglicht es ihm, sein lautes Denken zu überarbeiten. Nicht selten (nach oftmaligem Wiederholen) beginnen sich die Darstellungen zu ändern. Es sind nicht mehr nur die schönen und positiven Seiten, die dann zur Sprache kommen. Das geschieht zunächst auf humorvolle oder ironische und schlußendlich auch auf sehr kritisch hinterfragende Weise. Die Verarbeitung weitet sich inhaltlich aus. Diese Form der Auseinandersetzung ist nur möglich, wenn sich die Angehörigen zutiefst verstanden und geborgen fühlen, wenn sie spüren, daß ein Gesprächspartner da ist, dem es nicht um sensationelle Neuigkeiten geht, sondern um die Beziehung zu ihm und seiner Not als Trauerndem.

MERKPUNKT

- Angehörige fühlen sich dann wohl und geborgen, wenn sie auch über negative Elemente in ihrer Beziehung zu dem Verstorbenen sprechen können. Dies erhöht das Gefühl, in ihrer unverwechselbaren Situation verstanden zu sein.

Im Verlaufe dieses Prozesses stellen viele Angehörige die Frage, ob ihr Verhalten eigentlich „normal" sei. Sie selber zweifeln sehr daran, weil sie sich in ihrer Gedankenwelt gefangen fühlen. So fragte mich eine 43jährige Frau drei Jahre nach dem Tod des Mannes, ob sie nicht schon längst die Trauerarbeit abgeschlossen haben müßte. Im Rückblick empfand sie die drei Jahre als lange Zeit und ihre geleistete Trauerarbeit als nicht normal. Der Begriff der Normalität ist derart subjektiv, daß ein konkretes Urteil darüber sich verbietet. Wohl gibt es ganz besondere Formen der Trauerarbeit, die als „nicht normaler" Ausdruck gewertet werden. Ihre Heftigkeit kann mit der Intensität der eigenen emotionalen Empfindungen zusammenhängen und eine völlig normale Reaktion darstellen. Wichtig ist, daß die Angehörigen *über die Trauerarbeit und über mögliche Trauerverhalten informiert* werden. Gerade in unserer heutigen Zeit, in der viele der herkömmlichen Trauerrituale ersatzlos gestrichen worden sind, ist es wichtig, Angehörige zu ermuntern, *ihr Trauerverhalten* zu leben. Je mehr Trauer unterdrückt wird, um so länger dauert der Prozeß. Normal ist, was an Trauerarbeit für die Angehörigen leistbar ist. Und dieser Prozeß ist wiederum individuell. Selbst Jahre nach dem Todesfall ist es möglich, verpaßte Auseinandersetzungen aufzunehmen und durchzuleben, wenn es für die Angehörigen nötig ist. Die Formen und die Wege dazu sollen je nach Art der Arbeit offenbleiben und sich nicht auf einige wenige oder gängige beschränken.

MERKPUNKT

- Angehörige sind auf Informationen über mögliche Trauerformen und Trauerverhalten angewiesen. Sie sind zu ermutigen, ihre Formen zu suchen und sie zu leben.

Für viele wird die Trauerarbeit zu einem „Dauerbrenner". Sie kommen nicht mehr aus der Trauer heraus. Ein junger Mann schilderte seine Mutter bildlich: „Ich habe sie wie folgt in Erinnerung: schwarzes Kleid, rote Augen, weißes Gesicht." Sie verlor ein Kind, als er vier Jahre alt war. Er hatte keine gemeinsame Geschichte mit dem Verstorbenen. Für seine Mutter sah es anders aus. Ihre Trauer ist durchaus verständlich. Weniger verständlich ist jedoch, daß die Trauer oft zu einem „Endlosprozeß" verkommt. Es fehlen Strukturen. Aufgrund meiner Erfahrungen glaube ich, daß gerade fehlende „Entlastungshilfen im Alltag" den Prozeß erschweren. Er wird deshalb endlos, weil man glaubt, keinen Freiraum für die Trauer zu haben. Der Alltag und das Funktionieren im Alltag verhindern eine tägliche Zeit der Ruhe, in der man sich ausschließlich mit der eigenen Trauer beschäftigen kann. Ich bin überzeugt davon, daß diese bei einem bestimmten täglichen Freiraum nicht so extensiv gelebt werden muß. Dies bedingt aber, daß gerade in den beschwerlichen Alltagsabläufen Entlastungshilfen zur Verfügung stehen.

MERKPUNKT

- Angehörige sind auf persönliche Freiräume angewiesen, damit sie ihre Trauer leben können.

Zudem – und dies hat verschiedene Hintergründe – suchen Angehörige Menschen, die in ähnlichen oder gleichen Verhältnissen leben. Viele sind der Auffassung, von denjenigen, die das gleiche Schicksal erfahren haben, am ehesten verstanden zu werden. Zweifelsohne entsteht eine Solidarität, die von Anfang an ein Gefühl der Zugehörigkeit schenkt. Menschen mit dem gleichen Schicksal gehen untereinander enge Bündnisse ein, obwohl sie für sich das Recht auf ihre eigene Trauer beanspruchen. Der Wunsch, in Erfahrung zu bringen, welche Stadien und Probleme noch auf sie zukommen werden, lassen diese Beziehungen schnell gedeihen. Bündnisse trösten auch über die schwierigste Zeit hinweg. Sie ändern allerdings nichts an der Tatsache, daß jeder einzelne den Trauerprozeß selbständig und unabhängig von andern zu durchwandern hat. Aber die Solidarität verbündet, und dies ist äußerst wichtig.

MERKPUNKT

- Angehörige sind auf Menschen angewiesen, die Ähnliches erlebt haben, und suchen eine Beziehung zu ihnen.

Die Trauerzeit führt zu einer erbarmungslosen Auslese in der Begleitung der Angehörigen. Wenige sind in der Lage oder bereit, sich ganz in den Dienst ihrer Nächsten zu stellen. Für die Angehörigen reduzieren sich in der Folge die Ansprechstationen auf einige wenige Beziehungen. Gute Kollegschaften oder Freundschaften brechen auseinander, weil sich die Interessen fast schlagartig verändern. Das Beziehungsnetz beginnt zu verarmen. Je länger die Trauer dauert, um so eher nimmt die Anteilnahme ab. Je weniger Ansprechpartner vorhanden sind, um so mehr werden sich die Angehörigen nur noch mit sich selber befassen. Die Kontakte zur Außenwelt werden unterbrochen oder bestenfalls in einer meist frustrierenden Oberflächlichkeit gelebt. Fehlende Inhaltstiefe, fehlende Zeit und auseinandergehende Interessen führen zu einer Vergrößerung der Distanz. Dabei wäre es enorm wichtig, daß sich die Angehörigen auf eine ganze Reihe von Bezugspersonen verlassen könnten, denn während des Trauerprozesses werden Stationen erreicht, die geradezu nach ganz besonderen Kontakten rufen. Gefragt sind dabei nicht einmal so sehr Spezialisten. Häufig geht es einfach darum, die Meinung anderer Menschen zu hören. Dieser Schritt nach außen kann nicht erfolgen, wenn die Beziehungen zur Außenwelt gestört sind.

5.3 Auf Angehörige zugehen heißt . . .

Die Angehörigen fühlen sich deshalb bei Gleichgesinnten wohl, weil sie sich bei ihnen nicht zu rechtfertigen haben. Alle kennen die einzelnen Schicksale, und niemand der Betroffenen versucht, andere zu verurteilen. Vor allem bei außergewöhnlichen Todesfällen wie durch Drogen/Aids, Suizid oder bei Kinderunfällen spielen bei den Angehörigen starke Schuldgefühle eine erhebliche Rolle. Der Angehörige begibt sich oft schon zu Beginn eines Gesprächs in eine Abwehrstellung, weil er sich immer angegriffen glaubt. Ein aus der Defensive geführtes Gespräch wird aber inhaltlich unbefriedigend bleiben. Die Erfahrung bestätigt leider, daß gerade bei diesen problematischen Todesfällen die Isolation der Angehörigen am höchsten ist. Ob deren Zurückhaltung gerechtfertigt erscheint oder nicht, ist dabei viel weniger wichtig als die Tatsache selbst. Aus den bisherigen Ausführungen könnte nun geschlossen werden, daß in allen diesen Fällen die soziale Umwelt kläglich versagt. Dem ist natürlich bei weitem nicht so. Es gibt viele Menschen, die sich ehrlich und aufrichtig bemühen, auf Angehörige zuzugehen. Trotzdem sind es in der Regel nur wenige, denen es schlußendlich gelingt. Die

Gründe dafür sind mannigfaltig. Einige der auffallenden Verhaltensweisen möchte ich aufnehmen.

Die nachfolgenden Überlegungen beziehen sich ausschließlich auf Menschen, die weder in voyeuristischer noch in verurteilender Absicht mit Angehörigen umgehen wollen. Ich kann nur mit Nachdruck betonen, daß die Trauernden in ihrer Sensibilität so verletzlich sind, daß sie derartige Versuche nur scharf zurückweisen können. Leider kommt es sehr häufig vor, daß die Angehörigen von einer Vielzahl von „Schaulustigen“ belästigt werden. Menschen, die sich noch nie um ihr Wohlergehen gekümmert haben, sind jetzt plötzlich da. Ihr Interesse erscheint vielen Angehörigen zweifelhaft. Sie reagieren verhalten, sind oft wenig gesprächig, eher kurz angebunden. Meistens haben sie auch schon einschlägig negative Erfahrungen gemacht. Zudem werden solche Kontakte oft spontan eingeleitet. Das Telefon ist dazu ein besonders ungeeignetes Instrument. Diese Anfragen wirken meistens wie Überfälle. Die Angehörigen haben keine Möglichkeit, sich zurückzuziehen und erst einmal zu überlegen, ob sie überhaupt auf das Kontaktangebot eingehen möchten. Sie haben sofort Rede und Antwort zu stehen. Dabei spielen die Erwartungen der sozialen Umwelt eine sehr große Rolle. Wenn schon telefoniert wird, dann soll auch ein Erfolgserlebnis dabei herausspringen.

Ich bin überzeugt, daß Bekannte mit viel gutem Willen auf Angehörige zugehen. Man verkennt leicht die Hilf- und Hoffnungslosigkeit der sozialen Umgebung. Viele wissen nicht, wie sie überhaupt reagieren sollen. Sie überlegen sich dann meistens, was für die andern am ehesten Trost bedeuten könnte. Sie möchten helfen. Sie möchten etwas tun. Auch haben sie es schwer, mit ihrer eigenen Trauer umzugehen. Sie möchten sich in die Situation der andern einfühlen und mit ihnen ein Stück ihres Weges gehen. Nur zweifle ich am Durchhaltevermögen. Für Angehörige ist es deprimierend, wie rasch sich der Enthusiasmus verflüchtigt. Sie öffnen sich und erleben, daß sie auf halber Strecke allein gelassen werden. Deshalb ziehen sie sich wieder auf jene wenigen Beziehungen zurück, die sie schon während der Zeit vor dem Sterben als hilfreich und tragfähig empfunden haben. Mit jedem Rückzugserlebnis wachsen aggressive Gefühle gegenüber der sozialen Umwelt. Man wirft alle in den gleichen Topf. Man verkriecht sich, verschließt sich und läßt niemanden mehr an sich heran. Diese Verletzlichkeit ist noch über Jahre nach dem Tod feststellbar. Eine junge Frau, die über längere Zeit ihren Mann zu Hause pflegte, erzählte mir, daß sie bei jedem Telefonanruf sofort fragte, ob der Anrufende aus wirklichem Interesse an der Situation oder lediglich aus Anstand den Kontakt suchte. Mit der Zeit hätte sie förmlich herausgehört, bei wem sie sich auf eine intensive Auseinandersetzung einlassen konnte. Diese Form brüskierte natürlich die Anrufenden und stellte sie bloß. Jene, die der jungen Frau in ihrer Not beistehen wollten, akzeptierten allerdings diese kritische Begegnung. Sie habe, so erzählte sie mir, auf diese Weise einen sehr großen Freundeskreis gewonnen, der ihr über weite Strecken ihrer Trauer eine große Stütze gewesen sei. Eine solche Handlung braucht Mut und viel Selbstvertrauen. Unangenehm ist, daß diese Reaktionsweisen unvorbereitet ablaufen. Klingelt das Telefon, dann weiß man nicht, was auf einen zukommt. Angehörige brauchen Zeit, um reagieren zu können. Der schriftliche Weg ist immer der bessere; er ist allerdings schwieriger und benötigt viel mehr Zeit. Angehörige brauchen Menschen, die Zeit haben!

MERKSATZ

- Mit einem Brief werden Angehörige nicht überfallen. Sie erhalten Gelegenheit, den Brief immer wieder zu lesen, und können in aller Ruhe reagieren. Sie müssen nicht sofort abwehren, wenn sie sich momentan überfordert fühlen.

Das Spiel zwischen der sozialen Umwelt und den Angehörigen wird von unbekannten Regeln bestimmt. In allen Phasen der Entwicklung (vor dem Sterben, während des Sterbens und nach dem Tod) erscheinen diese durchaus nicht als klar definierte Größen. Sie sind je nach Situation und Familie völlig unterschiedlich und hängen sehr mit den Wünschen und Bedürfnissen der Angehörigen zusammen.
In einer Klinik zum Beispiel sind die Besuchszeiten geregelt und für alle klar. Die Intimsphäre zwischen Patient und Angehörigen ist klein, da zu jeder Zeit die Gespräche durch Besucher gestört werden können. Je größer das soziale Netz ist, um so eher ist mit Störungen zu rechnen. Die konstruktive Auseinandersetzung zwischen den Familienmitgliedern und dem Patienten kann nur unter erschwerten Bedingungen erfolgen. Anders verhält es sich bei der Pflege eines Patienten zu Hause. Die Besuchszeiten sind nicht geregelt. Die meisten getrauen sich nicht, einfach einmal „schnell vorbeizuschauen“. Entsprechend kleiner ist die Zahl der Besucher. Die soziale Umwelt hat das Hindernis der Anmeldung zu überwinden, um den Kranken besuchen zu können. Entsprechend groß ist die Intimsphäre der Familie. Beide Systeme haben Vor- und Nachteile, die nicht gegeneinander auszuspielen sind. In dem einen Fall (Klinik) haben sich die Angehörigen von zu

vielen Besuchern abzugrenzen, und im andern Fall (zu Hause) fühlen sie sich recht schnell isoliert. Zu viele, aber auch zu wenige Besucher können den Patienten und die Angehörigen belasten. Der Rückzug in dieser Phase führt auch zu einer verhaltenen Beziehung nach dem Tod.
Wer einen Kranken besucht, bringt in der Regel etwas mit. Wenn die Gabentische genau betrachtet werden, dann fallen zwei besonders beliebte Geschenke auf: Blumen und Wein! Floristen und Weinhändler mögen sich darüber freuen. Wie sinnvoll sind solche Geschenke (vor allem in ihrem Ausmaß) eigentlich? Was möchte man damit zeigen? Wem möchte man damit eine Freude bereiten? Einem dem Tode geweihten Patienten Flaschen mit Wein zu schenken ist höchst unsinnig. Sind diese Geschenke nicht oft billige Lösungen, um sich nicht intensiver mit den Betroffenen und deren Wünschen auseinandersetzen zu müssen? Denkt man nicht häufig, damit „etwas gemacht" zu haben oder „nicht mir leeren Händen" gekommen zu sein? Genauso unsinnig empfinde ich die vielen Banknoten, die den Kondolenzbriefen beigelegt werden. Mit ihnen soll den Angehörigen geholfen werden, die Grabbepflanzung zu finanzieren. Unsinnig, völlig unsinnig! Aber sie befreien von jeder weiteren Verpflichtung. Man hat seine Pflicht und Schuldigkeit getan. Mit diesem Geld könnte man zum Beispiel einige Wochen nach dem Tod den Angehörigen einen Blumengruß schicken mit dem Vermerk, daß man (wenn es stimmt) oft an sie denke. Oder man könnte die Angehörigen zwei Monate später zu einem Abendessen einladen, einfach um Gemeinschaft zu leben. Oder man könnte sie (auch einige Zeit nach dem Tod) auf einen Ausflug mitnehmen oder ins Theater, ins Kino . . .

MERKPUNKT

- Auf Angehörige zugehen heißt, sich „etwas einfallen“ lassen, gegen den Strom schwimmen und Beziehungen zu ihnen aufbauen.

Nicht zu vergessen ist, daß nicht alle Ideen gut ankommen werden. Erfahrungen haben gezeigt, daß ein sorgfältiges Herantasten und gezieltes Befragen der Angehörigen deren Wünsche und Bedürfnisse erkennen lassen. Es wird immer das Recht der Angehörigen bleiben, Angebote anzunehmen oder abzulehnen. Dieses Recht darf niemandem genommen werden. Ich weiß, daß Zurückweisungen schmerzhaft sein können, vor allem dann, wenn eine ehrliche und gutgemeinte Absicht vorliegt. Diese Zurückweisungen sind jedoch häufig nicht persönlich gemeint, sondern haben andere Gründe. Vielleicht sind schon recht gute Beziehungen vorhanden, und die Angehörigen möchten keine neuen aufnehmen. Vielleicht auch sprechen die Ideen oder das Angebot nicht an, und die Angehörigen fühlen sich dadurch nicht verstanden. Wenn wir ihnen das Recht der Auswahl gewähren, dann dürfen wir auch nicht enttäuscht sein, wenn sie davon Gebrauch machen. Bleiben wir trotzdem verständnisvoll und hilfsbereit, dann signalisieren wir, daß wir auch in Zukunft zur Mithilfe bereit sind.

5.4 Auf die soziale Umwelt zugehen heißt ...

Um tragfähige Vernetzungen im Wohnviertel, in der Gemeinde oder der Nachbarschaft leben zu können, ist es unumgänglich, daß auch die Angehörigen Schritte nach außen tun. Viele leben zurückgezogen in ihren Wohnungen und warten, bis die Außenwelt auf sie zukommt. Diese Verhaltensweisen sind ebenfalls in allen Phasen feststellbar. Oft weiß die Umgebung gar nichts von schweren Erkrankungen, oder man hört davon beim Einkaufen oder auf der Post. Todesnachrichten werden häufig den Zeitungen entnommen und lassen je nach Anzeigentext den Spekulationen freien Lauf. Die erste Begegnung der Umwelt mit den Angehörigen ist immer kritisch, da kein Außenstehender weiß, welche seiner Informationen richtig und welche nur Gerüchte sind. Auch will man nicht einfach fragen, weil man befürchtet, zur voyeuristischen Gruppe gezählt zu werden. Also schweigt man. Die Angehörigen bemerken dieses Schweigen, sind ihrerseits jedoch nicht in der Lage (oft auch nicht bereit), *ihr Schweigen* zu brechen und Vernetzungen nach außen zu suchen. Es ist einfacher, über die fehlenden Beziehungen zu schimpfen und Fehler anderer zu kritisieren, als klar und deutlich die eigenen Wünsche und Bedürfnisse zu formulieren. Mögliche Bezugspersonen würden sich freuen, wüßten sie um diese Erwartungen. Sie könnten dann nämlich sehr gezielt auf die Angehörigen zugehen und ihnen „etwas zuliebe tun“. Sie warten darauf.

MERKSATZ

- Angehörige müssen lernen, ihre Wünsche und Bedürfnisse zu verbalisieren und Bezugspersonen direkt anzusprechen.

Man will andern nicht zur Last fallen. Man meint, andere zu stören, wenn man seine Bedürfnisse formuliert. Man will nicht stören. Man ...

Für diese Verhaltensweisen tragen die Angehörigen die alleinige Verantwortung. Wer sich nicht öffnet, darf nicht viel Verständnis von außen erwarten. Angehörige und soziale Umwelt ergänzen sich in ihrem Verhalten. Es ist müßig, einander Schuld zuzuschieben. Vielmehr müßte gelernt werden, wie unbefriedigende Zustände korrigiert werden könnten.

Das Wechselspiel der gesellschaftlichen Beziehungen wird zu einem tragfähigen Netz, wenn sich die beiden Gruppen (Angehörige und soziale Umwelt) in eine Interaktion einlassen, die zu fruchtbaren Begegnungen führt.

Die Grundregeln dafür sind:

— Ehrliche Begegnungen suchen.
— Eigene übliche Verhaltensweisen überprüfen.
— Kreativere Wege auf Angehörige hin suchen.
— Sich nicht beleidigt zurückziehen und sich nicht isolieren.
— Wünsche und Bedürfnisse verbalisieren.
— Hilfsangebote überprüfen und beachten.
— Den gegenseitigen Kontakt suchen.
— Die Nähe signalisieren und sich bereithalten.

6. Vernetzungen

Im Laufe der letzten Jahre habe ich gelernt, von hierarchischem und geradlinigem Denken (Ursache–Wirkung–Denken) abzugehen und im Sinne eines vernetzten Denkens alle möglichen Bezugspunkte zur Problemlösung einzubeziehen. Dieses Denken ist viel komplexer und erfordert von allen Beteiligten eine Zusammenarbeit, die häufig nur schwer zu verwirklichen ist. Zu sehr begrenzen wir uns auf unsere eigenen Schwerpunkte und haben so schon alle Hände voll zu tun. Fachübergreifende Zusammenarbeit erfordert Zeit, und die ist bei verschiedenen Berufsgruppen schlicht zuwenig vorhanden. In der Regel konzentriert sich unser Denken und Handeln auf die Bedürfnisse des Patienten.

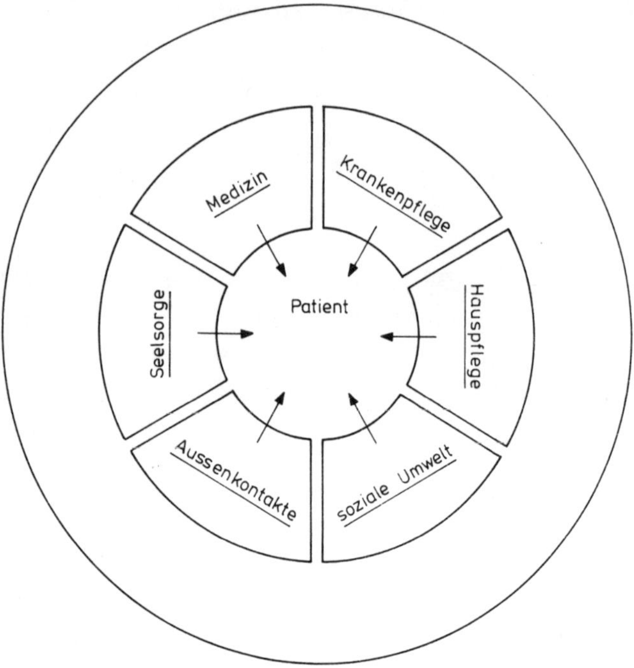

Figur 28: Auf den Patienten ausgerichtetes Denken

Alle Verantwortlichen dieser einzelnen Bereiche werden sicherlich nach bestem Wissen und Gewissen handeln. Sie werden sogar ständig versuchen, ihr Hilfsangebot dem Patienten gegenüber zu optimieren, seine Situation so gut wie möglich zu verbessern oder ihm sein noch verbleibendes Leben so angenehm und schmerzfrei wie möglich zu machen. Die Palette der Hilfsgegenstände ist dementsprechend groß. Selbstverständlich unterstütze ich diese Optimierung. In gewissen Situationen müßten sogar neue Hilfsmöglichkeiten geschaffen werden, um die Kommunikation zwischen dem Sterbenden und seinen Begleitperso-

nen zu ermöglichen (Bildertafeln, Bildschirmschreib- maschinen usw.). Die individuelle Betreuung müßte verstärkt werden; das heißt, die Art der Behandlung sollte den Bedürfnissen des Patienten angepaßt werden und nicht umgekehrt.
Dieses Denken bezieht sich jedoch ausschließlich auf das Wohlergehen des Patienten. Er ist aber *nur ein Teil* des Systems, das durch seine Erkrankung in eine Krise gerät. Unvergleichlich weniger wird für seine Angehörigen getan. In den Kliniken werden sie oft als störend empfunden. Ihre ständigen Fragen und ihr Unverständnis gegenüber den medizinischen Maßnahmen werden als Behinderung interpretiert. Für medizinisches Personal ist es ohnehin schwierig, mit Angehörigen zu reden, sprechen doch diese beiden Gruppen eine völlig unterschiedliche Sprache.

Beispiel 42: Ein 40jähriger Handwerker, verheiratet mit einer Krankenschwester, verstand überhaupt nicht, was zwischen ihr und den Ärzten bezüglich des Sterbens ihres 12jährigen Sohnes besprochen wurde. Obwohl er immer wieder von seiner Frau informiert wurde, blieb bei ihm ein ungutes Gefühl haften, das er nur schwer ablegen konnte. Ständig glaubte er, nicht alles zu wissen. Er verstand die Sprache nicht. Seine Auftritte als Nichtwissender den Ärzten gegenüber waren dementsprechend aggressiv. Seine Gefühle sagten ihm, daß der Sohn nicht mehr lange leben würde. Von außen wurden ihm jedoch immer wieder Hoffnungen gemacht. Später erfuhr er, daß seine Frau schon lange auf den Tod gefaßt war und sich vorbereitete. Sie verschwieg es ihm aus Angst, er könnte in ein „tiefes Loch“ fallen.

Es ist nicht leicht, mit Angehörigen umzugehen. Ich denke, daß deren Not und Hilflosigkeit nicht oder zuwenig erkannt wird. Auch ist in keiner Weise klar, wer für sie zuständig ist. Der Handlungsablauf für den Patienten ist durch seine nach außen interpretierbare Entwicklung mehr oder weniger gegeben. Die Verantwortlichkeit kann je nach Themenbereich festgelegt werden. Die Zuständigkeit richtet sich nach dem entsprechenden Fachgebiet. Was nicht in das eigene Fachgebiet gehört, muß von andern wahrgenommen werden. An sich ist dies auch richtig. Nur stelle ich fest, daß weder der Patient noch die Angehörigen die Verbindungen zu den andern Fachgebieten herstellen können, da sie gar nicht über die nötigen Kenntnisse verfügen. Sie sind auf entscheidende Impulse von andern angewiesen. Das nur auf den Patienten gerichtete Denken muß durch den Einbezug der Angehörigen ergänzt werden. Es ist ein leichtes, sich (je nach Fachgebiet) zu überlegen, wie denn die Verbindungen oder Kontakte zu den *Angehörigen* aussehen. Eine Definition des Ist-Zustandes könnte dieses Anliegen verständlicher machen.

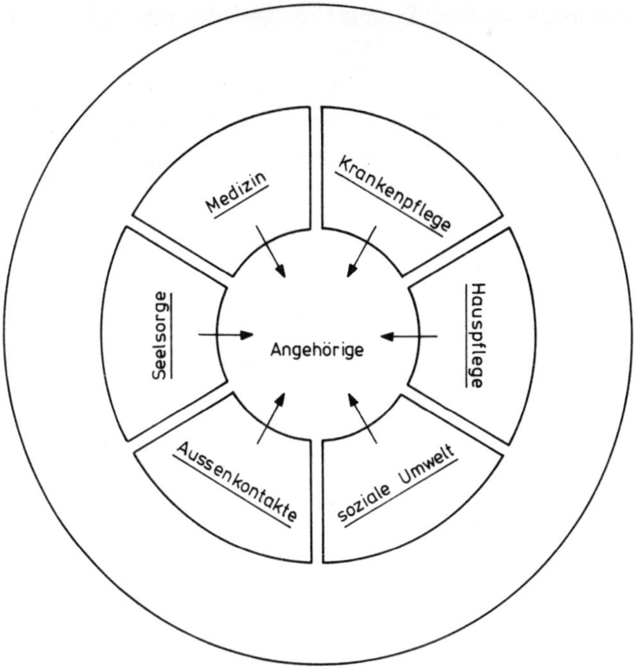

Figur 29: Das auf die Angehörigen ausgerichtete Denken

Meine bisherigen Erfahrungen und Abklärungen haben mich zu einigen grundlegenden Erkenntnissen geführt, die ich als Denkfehler bezeichnen und in aller Deutlichkeit aufzeigen möchte:

1. Denkfehler: Nur der kranke Patient ist krank!
Reduziert man die Krankheit und das Sterben eines Menschen auf seine individuelle Ebene, so vergißt man, daß dieser Mensch aus einem bestimmten familiären und sozialen Netz heraus stirbt und sein Sterben mehr ist als nur ein individueller Vorgang.

1. Lernschritt: Das System, in dem der Kranke lebt, ist krank!
Neben der Betreuung des Patienten ist seiner Familie und seiner Umwelt, in der er bestimmte Rollen und Funktionen ausgeübt hat, vermehrt Beachtung zu schenken.

2. Denkfehler: Der Patient ist alleiniger Mittelpunkt des Geschehens!
Das lineare Denken verleitet dazu, alle Hilfsangebote *nur* auf den Patienten auszurichten. Alles dreht sich um sein Wohlergehen, und es wird vergessen, daß er aus einem familiären System stammt, das durch seine Erkrankung destabilisiert wird.

2. Lernschritt: Zum Patienten gehören *immer* auch seine Angehörigen!
Als Angehöriger kann bezeichnet werden, wer „zu ihm gehört". Eine sorgfältige Beobachtung zeigt, daß dieser Begriff bedeutend weiter ausgelegt werden muß, als dies üblicherweise getan wird. Die Beziehung zwischen Patient und Angehörigen darf nicht getrennt werden, sondern ist als Einheit zu behandeln.

3. Denkfehler: Die Pflege beschränkt sich auf die eigene fachliche Kompetenz!
Die erste Verantwortung in der Pflege des Patienten beschränkt sich sicher auf die eigene fachliche Kompetenz. Neben dieser primären Handlungsweise, in der das physische Wohl des Patienten im Mittelpunkt steht, ist auch seiner Psyche Beachtung zu schenken. Zur psychischen Situation des Patienten gehören die Verbindungen zu seiner Außenwelt.

3. Lernschritt: Ganzheitliche Pflege ist *immer* mehr als die eigene Kompetenz!
Ganzheitliche Pflege bezieht sich auf mehr als nur den Patienten. Sie sieht wohl diesen als Ausgangspunkt, versucht jedoch auch zu seiner Außenwelt Verbindungen herzustellen.

4. Denkfehler: Die Bezugsgruppen tangieren einander nicht!
Oft herrscht die irrige Meinung, daß verschiedenste Begleitfunktionen ohne Koordination nebeneinander ausgeübt werden können. Unterschiedliche therapeutische Konzepte (Homöopathie, klassische Schulmedizin) oder nicht verwandte Berufsgruppen (Medizin und Seelsorge) sind wohl in sich eigene Fachgebiete, dürfen aber nicht gegeneinander ausgespielt werden. Vielmehr sollten sie sich zugunsten des Patienten und seiner Angehörigen kooperativ verhalten.

4. Lernschritt: Ganzheitliche Hilfe kann nur durch interdisziplinäre Koordination erreicht werden!
Die wohl größte Schwierigkeit, diese umfassende Hilfe zu aktivieren, liegt darin, daß die einzelnen Funktionsträger über die Außenbeziehungen des Patienten und seiner Angehörigen nicht informiert sind. Fehlende Abklärungen und ungenügende Aufklärungen führen zu einem verhängnisvollen Notstand.

5. Denkfehler: Die Hilfsangebote müssen durch die *Betroffenen* aktiviert werden!
Die Optimierung der eigenen fachlichen Kompetenz führt zu einer Isolation des Hilfsangebotes. Die fachlichen Querverbindungen fehlen häufig genauso wie die interdiszipli-

nären; beide sind jedoch für eine ganzheitliche Betreuung notwendig. Die Annahme, dies sei Sache der Betroffenen, führt zu deren Überforderung, weil sie über mögliche Hilfsangebote gar nicht informiert sind.

5. Lernschritt: Die fachlich kompetenten Bezugspersonen müssen die Angehörigen auf andere Hilfsangebote aufmerksam machen und für sie die Verbindungen herstellen!
Der Ausbruch aus der eigenen fachlichen Isolation führt zu einer interdisziplinären Begleitung nicht nur des Patienten selbst, sondern auch der anderen Betroffenen in seinem System. Für die Trauerarbeit kann dadurch schon vor dem Tod eine bedeutende Wende erzielt werden, gelingt es doch, durch die Interdisziplinarität Inhalte anzusprechen, die zu einer Bereinigung von Unerledigtem führen können.

6. Denkfehler: Die Wahrung des Berufsgeheimnisses hat absolute Priorität!
Der Rückzug auf das Berufsgeheimnis verstärkt die ohnehin schon vorhandene Sprachlosigkeit und läßt wichtige Zeit ungenützt verstreichen. Es liegt in der Kompetenz jedes einzelnen, zugunsten einer ganzheitlichen Hilfe das Berufsgeheimnis so zu leben, daß für die Betroffenen Hilfsmöglichkeiten aktiviert werden können, die zu tragfähigen Vernetzungen im sozialen Umfeld führen.

6. Lernschritt: Eine sinnvolle Öffnung der schweigenden Haltung führt zu einem engeren Verbund aller Beteiligten!
Nur so gelingt es uns, die einseitige und einschränkende Denkweise zu durchbrechen, die unsere Hilfsmöglichkeiten als eine unter vielen ansieht, und den Betroffenen damit die Chance einer ganzheitlichen Betreuung anzubieten. Die interdisziplinäre Zusammenarbeit, bei der alle das Wohl

der Beteiligten im Zentrum ihres Handelns sehen, führt zu einer Behandlung, in der nicht nur die physische, sondern auch die psychische Betreuung und nicht nur jene des Patienten, sondern auch jene seiner Angehörigen im Zentrum steht.

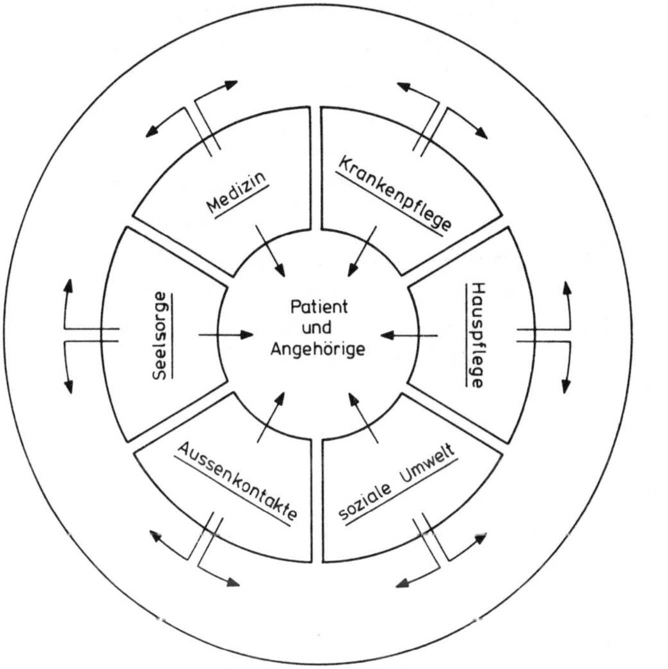

Figur 30: Ganzheitliche Betreuung

Die wohl größte Gefahr bei diesem Denken liegt darin, daß sich niemand für die Behandlung des kranken Systems kompetent fühlt. Es ist einfacher, sich nur auf den Kranken zu konzentrieren, zumal die physische Entwicklung oder die Genesung nicht von Anfang an klar vorausgesehen werden kann. Die medizinischen Maßnahmen sollen sich denn auch voll auf den Patienten ausrichten. Spätestens mit der Gewißheit einer schlimmen Diagnose ist jedoch sein Beziehungsnetz mitbetroffen. Die zweite Phase in seiner Entwicklung vor dem Sterben ist somit eingetreten. Spätestens jetzt werden die engsten Verbündeten erste wichtige Informationen über die mögliche Entwicklung des Patienten erhalten und entsprechend reagieren. Bereits in dieser Phase fühlen sie sich alleingelassen.

Ganzheitliches Denken heißt, jetzt nicht mehr nur den Patienten als krank zu bezeichnen, sondern das System seiner engsten Beziehungen als krank anzusehen. Dieses System, auf dessen tragfähige Struktur der Patient in seiner schweren Zeit angewiesen ist, muß gestützt und gestärkt werden. Es ist mir klar, daß es sich dabei um keine leichte Aufgabe handelt. Vielfach wird nämlich auch von den direkt Betroffenen die Wichtigkeit dieser Auseinandersetzung nicht erkannt. Sie müssen erst motiviert und aufgeklärt werden. Zudem fehlen häufig die unmittelbaren Strukturen, die diese ganzheitliche Betreuung überhaupt ermöglichen. Die nötigen interdisziplinären Verbindungen sind nicht oder nur ungenügend vorhanden. Jeder Vertreter seines Fachgebietes kämpft für sich allein. In der spitalexternen Krankenpflege (Spitex) zeichnen sich für die Betreuung des Patienten erste fächerübergreifende Kooperationen ab. Sie beschränken sich jedoch auf den pflegerischen Bereich. Die soziale und seelsorgerische Betreuung fehlt noch weitgehend. Sie wird erst aktiviert, wenn „es Zeit dazu ist“, also wenn das Sterben des Patienten unumgänglich wird oder dieser sich selbst um solche Betreuung bemüht.

Für die Angehörigen sieht es bedeutend betrüblicher aus. Aus vielen Gesprächen mit Ärzten, Klinikseelsorgern und Angehörigen habe ich erfahren, daß sie lediglich als „Randfiguren“ im Sterbeprozeß eines Menschen gelten.

Sie werden erst später, nach dem Einsetzen ihrer Trauer, ins Zentrum des Geschehens rücken. Dann nämlich, wenn sie in der Trauerarbeit immer wieder an für sie entscheidenden Stationen stehen und mit vielen Fragen (Warum ... Hätte/wäre ich doch ... usw.) Aufmerksamkeit auf sich lenken.

Beispiel 42: In einer jungen Familie mit einem an Leukämie erkrankten Kind trifft der befürchtete Zustand ein: Das Kind erleidet nach einer Knochenmarktransplantation einen Rückfall. Die Medizin kann dem Kind nicht mehr helfen. Es wird in den nächsten Wochen bettlägerig werden, erblinden und in wenigen Monaten sterben. Die Familie möchte ihr Kind zu Hause pflegen. Es beginnt nun ein mühsamer Prozeß, bis die junge Familie über alle wichtigen Informationen verfügt. Viele der beruflichen Begleitpersonen wissen etwas, niemand kann aber umfassend Auskunft geben. Die Krankenkassen geben kein Geld für besondere Aufwendungen, und auch die Nachtwachen, damit die Eltern nachts wenigstens einigermaßen ruhig schlafen können, müssen diese selber bezahlen. Durch ihre Mitarbeit in der Pflege ihres Kindes ersparen sie der Krankenkasse große Summen. Würden sie das Kind in der Klinik pflegen lassen, so hätten sie bedeutend weniger Auslagen und Arbeit.

Dieses Kind wird seine Eltern während der letzten Monate seines Lebens voll beanspruchen. Sie werden für sich selber, für sich als Paar und für ihr zweites Kind weniger Zeit und Muße zur Verfügung haben. Sie werden in eine Streßsituation hineingeraten. Für ihre Außenbeziehungen

sind auch sie selber verantwortlich. Als direkt betroffene Angehörige haben sie für alles um sich herum selber zu sorgen. Von wem werden sie gestützt und getragen? Wer hilft ihnen nach dem Verlust, also während ihrer Trauer?
Es wird ihr Vorteil sein, durch diese intensive Auseinandersetzung mit ihrem sterbenden Kind ein bedeutendes Stück der Trauerarbeit schon vor dem Tod leisten zu können, falls sie sich nicht im Organisatorischen erschöpfen. Die Hauptverantwortung bezüglich Pflege liegt nun bei ihnen. Man wird sie bewundern. Man denkt, sie seien stark. Man glaubt, sie „werden es schon schaffen". All diese Überlegungen führen dazu, daß man die tiefe Not und Hilflosigkeit zuwenig erkennen wird. Man wird sie überfordern.
Unter sozialer Vernetzung verstehe ich, daß alle möglichen Bezugspersonen einen Weg finden, um die Angehörigen zu stützen und begleiten, damit sie sich in dieser für sie schweren Zeit nicht mit organisatorischen oder finanziellen Problemen beschäftigen müssen, sondern genügend Zeit erhalten:

a) für eine den Umständen angepaßte Begleitarbeit ihres Kindes (Zeit für emotionale Nähe zu ihm und eigene Trauerarbeit);
b) um die übrigen Familienmitglieder nicht zu vernachlässigen;
c) um ihrer ehelichen Beziehung Sorge tragen zu können;
d) um einen Weg zu suchen, mit sich selber und den eigenen Ideen und Phantasien leben zu können.

Nur wenn es uns gelingt, das kranke System eines Sterbenden zu stützen und zu tragen, werden wir „nahe sein in schwerer Zeit". Diese äußerst anspruchsvolle Arbeit erfordert von allen:

— den Mut und den Willen zusammenzuarbeiten;
— die Betreuung nicht nur auf jene des Patienten zu reduzieren;
— das System, in dem der Patient gelebt hat, als krank zu sehen;
— im Sinne einer ganzheitlichen Pflege des Systems Aktivitäten zu leben, die es den Mitgliedern des Systems ermöglichen, die wichtige Auseinandersetzung vor dem Tod zu leben;
— Zeit zu haben.

Ich bin der festen Überzeugung, daß sich die eingangs erwähnten Ausdrucksformen der Trauerreaktionen verändern, wenn Angehörige in diesen schweren Lebensphasen besser gestützt werden und ein guter Abschied gelebt werden kann.

Betreuung und Begleitung von Angehörigen ist nicht nur die Angelegenheit von kirchlichen oder medizinischen Funktionären. Sie muß vielmehr zu einem wichtigen Anliegen breiter Teile der Bevölkerung werden. Dabei gilt ein Grundsatz, der uns künftig begleiten soll:

Begegne Angehörigen so, wie Du wünschst, als Angehöriger behandelt zu werden!

ANMERKUNGEN

[1] Margot Bickel/Hermann Steigert: Pflücke den Tag, Verlag Herder, Freiburg/Basel/Wien 1981 (21. Aufl.).

[2] Verena Kast: Trauern: Phasen und Chancen des psychischen Prozesses, Kreuz Verlag, Stuttgart 1982.

[3] Jorgos Canacakis: Ich sehe deine Tränen. Trauern, klagen, leben können, Kreuz Verlag, Stuttgart 1988.

[4] William J. Worden: Beratung und Therapie in Trauerfällen, Huber Verlag, Bern/Stuttgart/Toronto 1987.

[5] Yorick Spiegel: Der Prozeß des Trauerns, Chr. Kaiser Verlag, München 1986.

[6] C. M. Parkes: Vereinsamung. Die Lebenskrise bei Partnerverlust, Rowohlt TB 7130, Reinbek 1980.

[7] Jörg Zink: Die Mitte der Nacht ist der Anfang des Tages, Kreuz Verlag, Stuttgart 1984 (10. Auflage).

[8] John Bowlby: Verlust, Trauer und Depression, S. Fischer Verlag, Frankfurt/M. 1983.

[9] Bundesamt für Statistik: Todesursachen-Statistik 1986.

[10] Bundesamt für Statistik: Geographische Verteilung wichtiger Todesursachen in der Schweiz, Heft 14 Gesundheit, Bern 1987 (S. 62 ff.).

[11] R. H. and D. Davenport: The Role of the Non-psychiatric Physicia in Suicid Prevention, Hexagon Roche Nr. 3, Basel 1980.

[12] Klaus Ernst, in: Selbstaggression, Selbstzerstörung, Suizid. Wen befreit die Freiheit zum Suizid?, Zürcher

Hochschulforum, Zürich 1988 (2. ergänzte Auflage, S. 200).
[13] Bundesamt für Gesundheitswesen: Alkoholbericht, Bern 1989.
[14] Schweizerisches Strafgesetzbuch, Art. 100, Ziffer 2.
[15] Deutsches Strafgesetzbuch, § 11.
[16] Österreichisches Strafgesetzbuch, § 216.
[17] E. A. Herzig (Hrsg.): Betreuung Sterbender, Recom Verlag, Basel 1978.
[18] Bundesamt für Statistik, Jährliche Bevölkerungsentwicklung, Sonderdruck aus dem Statistischen Jahrbuch der Schweiz, Bern 1986.
[19] J. Duss-von Werdt/A. Fuchs (Hrsg.): Scheidung in der Schweiz, Haupt Verlag, Bern 1980.
[20] Bundesamt für Statistik, Die Wiedervereiratung der Geschiedenen, Statistische Hefte 1, Bern 1985.
[21] Verena Krähenbühl, u. a.: Stieffamilien, Lambertus Verlag, Freiburg 1987.
[22] Kanton Basel Stadt: Systematische Gesetzessammlung/Sonderdruck 390.110 vom 1. 5. 1989: Verordnung über das Bestattungs- und Friedhofwesen (Friedhofordnung vom 19. Februar 1980). 1. Organisation und Aufgaben des Bestattungs- und Friedhofwesens, § 10, Ziff. 3, Lit. c.
[23] Elisabeth Kübler-Ross: Interviews mit Sterbenden, Kreuz Verlag, 13. Auflage, Stuttgart 1980 (Beschreibung von 5 Phasen: 1. Nichtwahrhabenwollen und Isolierung; 2. Zorn; 3. Verhandeln; 4. Depression; 5. Zustimmung).
[24] Elisabeth Kübler-Ross: Verstehen, was Sterbende sagen wollen, Kreuz Verlag, Stuttgart 1981.
[25] Caritas Schweiz (TBS): Das lange Sterben des Enzo, Luzern 1985.

[26] Stadt Winterthur: Verordnung über das Bestattungs- und Friedhofwesen vom 11. Juni 1979.
[27] Zivilstandsamt der Stadt Winterthur: Wegleitung für Bestattungen, datumlos.
[28] Recht und Gesetz. Ein Handbuch für den schweizerischen Rechtsalltag, Verlag Das Beste, Zürich 1976.
[29] Neue Zürcher Zeitung, Nr. 244 vom Freitag, 20. Oktober 1989, S. 54.

LITERATUR

Philippe Ariès: Geschichte des Todes, Ex Libris, Zürich 1984.

Ärztegesellschaft des Kantons Bern (Hrsg.): Bewältigung des Sterbens, Verlag Hans Huber, Bern 1985.

Paul Becker/Volker Eid (Hrsg.): Begleitung von Schwerkranken und Sterbenden, Matthias-Grünewald-Verlag, Mainz 1984.

Kurt Biener: Selbstmorde bei Kindern und Jugendlichen, Verlag Pro Juventute, Zürich 1985 (3. Auflage).

Stefan Blarer: Menschliches Erleben und Verarbeiten von Tod und Trauer, Rex-Verlag, Luzern 1983.

Tobias Brocher: Wenn Kinder trauern, Rowohlt Taschenbuch, Reinbek 1985.

Gion Condrau: Der Mensch und sein Tod, Benziger Verlag, Zürich 1984.

Liliane Giudice: Ohne meinen Mann, Kreuz Verlag, Stuttgart 1984 (8. Auflage).

Ursula Goldmann-Posch: Wenn Mütter trauern, Kindler Verlag, München 1988.

Kurt Hock: Die Heimkehr, Verlag Herder, Freiburg i. Br. 1983.

Liliane Juchli: Pflegen. Begleiten. Leben, Recom Verlag, Basel 1985.

Elisabeth Kübler-Ross: Leben bis wir Abschied nehmen, Kreuz Verlag, Stuttgart 1982 (3. Auflage).

Elisabeth Kübler-Ross: Befreiung aus der Angst, Kreuz Verlag, Stuttgart 1983.

Gertraut Lamla: Muß ich auch wandern in finsterer Schlucht, Verlag Herder, Freiburg i. Br. 1985.

Marielene Leist: Kinder begegnen dem Tod, Gütersloher Verlagshaus Gerd Mohn, Gütersloh 1982 (3. Auflage).

Gottfried Lutz/Barbara Künzer-Riebel (Hrsg.): Nur ein Hauch von Leben, Verlag Ernst Kaufmann, Lahr 1988.

Lily Pincus: . . . bis daß der Tod euch scheidet, Ex Libris, Zürich 1979.

Harriet S. Schiff: Verwaiste Eltern, Deutscher Taschenbuch Verlag, München 1986.

Walter Schneider (Hrsg.): Der schwierige? Patient, Recom Verlag, Basel 1983 (3. Auflage).

Paul Sporken: Hast du denn bejaht, daß ich sterben muß?, Patmos Verlag, Düsseldorf 1981.

Anne-Marie Tausch/Reinhard Tausch: Sanftes Sterben, Rowohlt Verlag, Reinbek 1985.